하루 5분
인생수업

온 우주의 긍정 에너지 받는법

하루5분 인생수업

초판 1쇄 인쇄 2012년 10월 9일
초판 1쇄 발행 2012년 10월 20일

지은이 | 이상헌
이메일 | enjoyworld@hanmail.net

펴낸이 | 김명숙
펴낸곳 | 나무발전소
그 림 | 안다빈
일러스트 | 호진
디자인 | 이명재

등록 | 2009년 5월 8일(제313-2009-98호)
주소 | 서울시 마포구 합정동 358-3 서정빌딩 7층
이메일 | tpowerstation@hanmail.net
전화 | 02)333-1962
팩스 | 02)333-1961

ISBN 978-89-969378-1-4 13320

✱ 책값은 뒤표지에 있습니다.

온 우주의
긍정 에너지
받는 법

하루 5분 인생수업

이상헌 지음

긍정 에너지를 가지려면 말을 적게 하고 마음을 열어놓아야 합니다.
또 누가 뭐라고 하건 언제나 "예스"로 응답합니다.
내가 "예스"라고 하면 주변의 상황도 전부 "예스"로 바뀝니다.
세상 모든 원리는 뿌린 씨앗에서만 돋아난다는 사실입니다.

세상에 미소가 필요 없을 만큼 부자인 사람도 없고
미소의 혜택을 누리지 못할 정도로 가난한 사람도 없습니다.
미소만큼 평등하고 가치 있는 재산도 없습니다.
열 번 백 번 "김치~" 하며 다 같이 활짝 웃는 가족 사진을 걸어봅시다.
집안 분위기가 180도 변하게 될 것입니다.

기도가 따로 있는 것이 아니라 하는 말이 모두 기도입니다.
"좋은 아침!"이라고 말하는 순간 희망과 열정이 분출됩니다.
아침은 하루의 기가 화산처럼 분출하는 시간입니다.
좋은 아침을 맞이하는 자가 좋은 평생을 얻습니다.

누구나 능력은 대동소이합니다.
그러나 발등에 불이 떨어지면 숨어 있던 능력이 나타나게 되지요.
남들이 볼 때는 안 될 조건만 있던 사람도 한 가지라도 불이 붙으면
'안 될 조건'이 '되는 조건'으로 변하게 되지요.
마땅한 자리가 없다, 돈이 없다, 나이가 많다 등등의 소리는
아직 배가 부르기 때문이에요.
배고픈 사람이 더운밥 찬밥 가리겠어요?
찬밥도 뱃속에 들어가면 더운밥이 되잖아요.

부모님의 부모님을 끝없이 거슬러 올라가면 맨 윗자리는 창조주의
자리여서 부모님을 기쁘게 하는 것이 곧 창조주를 기쁘게 하는 일입니다.
누가 유럽 9박 10일 여행권을 선물해도 두고두고 그 고마움을
잊지 못할 텐데 90년, 100년 세상 여행을 보내주신 부모님의 은혜는
평생을 다해 갚아도 모자람이 없습니다.
살아계실 때 자주 전화하고 늘 웃는 모습을 보여드리는 게 효도입니다.

성공하려면 먼저 성공을 선언해야 합니다.
1919년 3월 1일 파고다 공원에서 독립선언문을 낭독하고 선언했습니다.
그것이 온 국민의 마음속에 독립의 씨앗을 심었고
1945년 8월 15일에 해방을 맞이했습니다.
소원이 이루어졌다는 가정 하에 "~ 해서 감사합니다."라고 말하면
그것이 바로 성공의 시뮬레이션입니다.

귀인은 덕담을 해주는 사람입니다.
교회에 가면 목사님이 축도를 해주는데 많은 사람들이 감동하여
눈물을 흘리는 것은 가슴속에 희망을 심어주기 때문입니다.
100% 좋은 사람 또는 100% 나쁜 사람은 없기 때문에
절대로 남을 평가하거나 심판하려 들지 말아야 합니다.
평가는 신의 몫입니다.

노트를 펼쳐 자신의 장점을 100가지 적어보자.
그리고 나서 내가 미워하는 사람의 장점과 배울 점을
또 100가지 적어보자.
세상을 보는 시각이 바뀌게 될 것이다.

창세기의 천지창조를 읽어봅니다.

창조주가 세상 하나하나를 만들고 하는 말은

"야, 좋구나. 최고 걸작품이다."라는 감동의 언어였습니다.

감동의 언어를 사용하면 틀림없이 감동할 일들이 나타나게 됩니다.

세상에는 비난과 비판이 난무하는데 이런 사람들은 자기가 한 말이

자기에게 가장 큰 영향을 미친다는 것을 미처 생각하지 못합니다.

이루고 싶은 바를 자주 반복해서 확신에 찬 목소리로 말하세요.

그 언어의 씨앗이 나의 미래에 확고히 심어져

어느새 현실로 마주하게 될 것입니다.

사람의 뇌는 가만히 두면 90%까지 부정적으로 생각이 흘러가게
되어 있습니다. 우물쭈물하며 대답을 얼버무리는 사이에 안 될 핑곗거리가
열 가지도 더 생겨나게 됩니다.
안 될 생각만 하는데 그 일이 잘 될 턱이 없죠. 그것이 바로 조건반사입니다.
매사에 부정적인 태도에 익숙해지면 아무것도 시도할 수 없고
아무런 발전도 할 수 없는 무능한 사람이 되고 마는 겁니다.
누구를 만나든 어떤 일을 하든 첫 번째 대답은 항상 "예"로 시작해 보십시오.
유전자가 변하고 자신이 변하고 환경이 변하게 됩니다.

사용 설명서

🍃 **잠시 시간을 내어 이 책을 펼칩니다.**
(하루에 한 번이 좋습니다.)

🍃 **눈에 띄는 한 가지를 골라 읽습니다.**
(아무 페이지라도 상관없습니다.)

🍃 **큰 소리로 따라 읽고 마음에 새깁니다.**
(신체세포와 유전자까지 변화합니다.)

🍃 **읽은 내용을 실천한 곳을 찾아봅니다.**
(1만 번 반복하면 반드시 이루어집니다.)

🍃 **그날 있었던 감동적인 일 5가지를 '행복일기장'에 적습니다.**
(간단히 적어도 좋습니다.)

🍃 **내일은 좀더 나아질 거라고 낙관해도 좋습니다.**

🍃 **아직 실천하지 못한 것들을 찾아서 시도해 봅니다.**
(여유를 가지면 더욱 좋습니다.)

🍃 **책을 다시 읽으면서 자신을 되돌아봅니다.**
(마음껏 자신을 칭찬해도 좋습니다.)

승리자의 언어로 말하라

그림자를 보는 동안은 태양을 보지 못한다. 태양은 그림자의 반대쪽에 있기 때문이다. 보는 시각을 바꾸면 태양이 보이듯 살면서 닥친 어려움도 보는 시각을 바꾸면 헤쳐 나갈 길이 보인다. 현명하고 신뢰할 만한 멘토는 꼭 빌 게이츠 같은 유명인일 필요는 없다. 우리 주변에서 얼마든지 찾을 수 있다. 바닷물이 짠 것은 2%의 소금 때문인데, 2%의 소금 덕분에 바다가 썩지 않듯이 가까운 사람의 2%의 좋은 에너지를 내 것으로 만들 줄 알면 인생을 바꿀 수 있다.

우리는 흔히 너는 다 좋은데 이것은 고쳐야 한다는 식으로 쉽게 말한다. 이제는 너는 이 점이 참 좋고 나는 너의 그 점을 배웠으면 좋겠다고 말하는 습관을 들여보자. 나는 신문에 글을 쓸 때도 이런 방식으로 주변 사람의 좋은 점을 발견하려 했고, 하루도 쉬지 않고

1,000회씩 일간지 2곳에 연재한 덕분에 기네스북에 오를 수 있었다.

세계정세가 불안하고 경기가 불안한 탓에 사회 곳곳에 문제가 드러나고 있어 한국의 전망을 어둡게 하고 있지만, 나는 우리나라가 세계를 리드하는 선진국가로 우뚝 설 것을 믿는다. 흙탕물도 오래 두면 맑은 물로 변하듯이 우리나라가 밝은 변화의 전 단계에 와 있다는 걸 알기 때문이다. 우리는 그렇게 호락호락한 국민이 아니다. 1,250회의 내란과 외환이 닥쳤지만 끝까지 버틴 저력이 있는 우리들이다.

지금 이 순간 우리가 해야 할 것은 딱 한 가지가 있다. "나는 승리자"라고 선언하는 것이다. 1919년 3월 1일 우리는 독립국임을 선언했고, 그로부터 36년이 지나서 독립을 맞이했다. 우리가 독립국가임을 선언하지 않았다면 과연 살아남을 수 있었을까?

요즘 희망과 비전을 말하는 젊은이가 드문 것은 비전이 없어서가 아니라 비전을 볼 줄 아는 눈이 부족하기 때문이다. 나무를 자르면 나이테가 보이는데, 열대지방에서 자라는 원목은 나이테가 없어서 집을 지을 만한 재목이 못 된다. 나이테 덕분에 여물고 단단한 재목이 되듯이 어려움이 닥칠 때는 나이테의 시간으로 알고 견디는 힘을 길러야 한다.

우리 부모님 세대들은 '새벽종이 울렸네 새 아침이 밝았네~',

'잘 살아보세~' 이런 밝은 노래를 부르며 아침을 맞이했고 이 노래의 힘으로 오늘의 부를 이루었다. 젊은이들도 좀더 밝은 노래를 불렀으면 좋겠다.

말의 힘이 얼마나 대단한 것인지 실감하려면 우선 매일 아침 "좋은 아침"이라고 외쳐보자. 기도가 따로 있는 것이 아니라 하는 말을 모두 기도처럼 하면 된다. "좋은 아침"이라고 말하는 순간 희망과 열정이 분출하게 된다. 누구를 만나건 대답은 "예"라고 시작하는 버릇을 들이는 것도 무척 중요하다.

온 우주의 초강력 긍정 에너지를 끌어들이는 마법은 특별한 게 아니라 내 안에 2%의 긍정 에너지를 마중물처럼 쏟아 붓는 것이다.

10월 9일 한글날에

이상헌

차례

제3장 노력의 날

꽃밭에서 나오면 몸에서 꽃내음이 나고 쓰레기장
에서 나오면 악취가 진동하는 것은 함께 오래 하
다 보면 자신의 본질이 바뀌기 때문이다. 옛날에
는 좋은 스승을 만나 배움을 얻기 위해 산속으로
들어가 10년 공부를 하고 하산했지만, 꼭 심심산
골의 도사님만 스승이 아니다. 누구와 어울리느냐
가 자신의 운명을 만들게 마련이어서 곁에 있는
사람과 같은 운명을 가지게 된다.

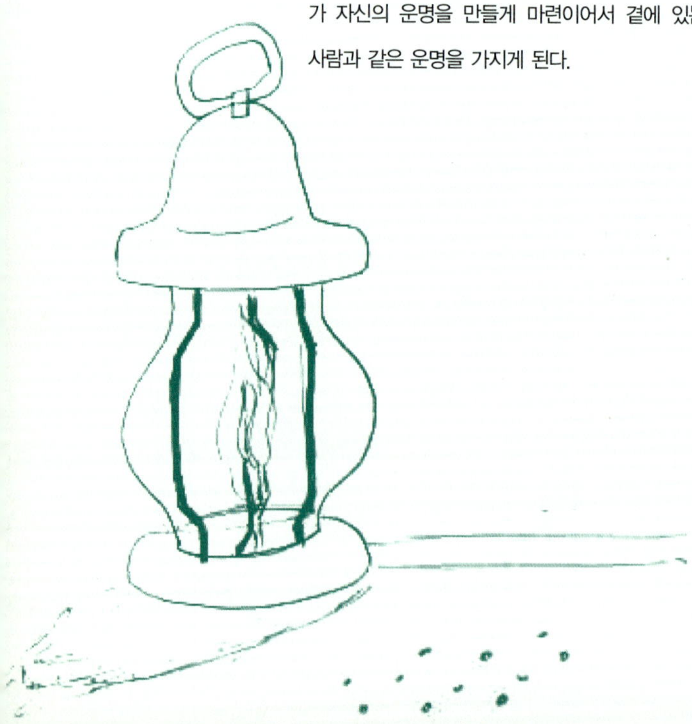

성공의 날

즐겁게 출발하라

박태환 선수 때문에 수영 경기의 팬이 되었다. 출발점에 선 선수들은 심판의 출발 총소리에 모든 신경을 집중한다. 0.001초라도 빠른 출발이 승부에 큰 영향을 미치기 때문이다. 시작이 좋아야 끝도 좋다는 말은 동서고금을 통한 진리이다. 아무리 힘든 일도 즐겁게 하면 힘들다는 것조차 느끼지 못한다. 하기 싫은 일을 억지로 할 때 스트레스를 받는 것이다.

이스라엘에서는 초등학교 입학 첫 시간에 선생님이 탁자 위에 꿀단지를 올려놓고 칠판에 '공부는 꿀처럼 달다.' 라고 적는다고 한다. 그런 다음 선생님이 그 문장을 선창하면 학생들이 따라서 복창한다. 그 다음에는 한 명씩 앞으로 나가 꿀단지에서 꿀을 찍어 먹으며 '아하, 공부 맛이 바로 이 맛이구나!'를 느끼는 것이다. 꿀을 먹는 데 두려움이나 고통이 따를 리가 없다. 오로지 즐거움만 있을 뿐이다. 시종여일始終如一은 처음부터 끝까지 한결같다는 말로, 처음이 좋으면 끝도 좋게 되는 것이다.

이스라엘의 면적은 강원도만하고 인구는 720만 명밖에 안 되지만, 세계에서 가장 많은 부를 축적했고 노벨상 수상자의 절반 이상이 이스라엘인이다. '공부 맛＝꿀맛'이라는 등식이 위대한 민족을 만든 것이다.

위성범 학생이 태어나서 처음 배운 말은 '사랑해요'와 '좋아요'다. 자라나면서 '미워', '싫어'는 한 번도 해본 적이 없다. 이렇게 자라다 보니 긍정과 애정으로 똘똘 뭉쳐, 하는 말이나 하는 행동이 다른 아이들과는 많이 달랐다. 또한 다른 아이들이 머리를 싸매고 시험공부에 매달릴 때 봉사활동을 다녔는데, 고3 때에도 봉사활동을 600시간이나 해서 행정자치부 장관상을 받았다.

위성범 학생은 여의도 고등학교를 나오고 UCLA에서 커뮤니케이션을 전공했는데, 그에게는 공부도 놀이에 불과하다. 너나없이 공부를 고문처럼 힘들어하지만 그에게는 공부도 즐거움의 한 방법이어서 노래하며 책을 읽는다. '사랑해요', '좋아요'로 시작된 언어훈련이 평생 영향을 미치는 것이다. 어떻게 공부를 시작하느냐가 중요하다.

아이들이 학교 다닐 때 나는 '공부하라'는 말 대신 '쉬었다 하라'
고 말했다. '공부하라'는 말은 부담이 되지만, '쉬었다 하라'는 말은
해방감을 느끼게 해준다.

무엇이나 즐거우면 인생이 천국이 되고, 의무가 되면 지옥이 되게
마련이어서 즐거움에 초점을 맞추는 훈련이 필요하다. 학생들도 자
기가 좋아하는 선생님 과목은 성적이 월등히 올라가고, 싫은 선생님
이 가르치는 과목은 꼴찌를 맴돌게 되는 것도 즐거움과 괴로움의 차
이가 만드는 것이다. 나는 글을 쓸 때 기분이 좋을 때만 쓴다. 좋은
기분으로 쓰면 글에서도 좋은 에너지가 분출한다.

누구를 만나든 웃으며 다가가자

미스코리아 선발대회 참가자들은 한 달 전부터 합숙을 하며 워킹 스피치, 스마일 훈련을 한다. 이렇게 훈련을 하는 사이에 그들은 몰라볼 만큼 매력 넘치는 사람으로 변한다. 친구의 딸이 미인대회에서 수상한 적이 있었는데, 내게 인사하러 와서 이런 말을 했다.

"저는 엄격한 집안 분위기에서 자라나 웃음이 없었어요. 그런데 입꼬리가 귀밑에 붙을 때까지 계속 웃는 훈련을 하다 보니 나중에는 턱이 아파 음식도 못 먹고 말도 제대로 할 수 없어 힘들었어요."

화낼 때는 17개의 신경세포가 움직이는데, 웃을 때는 36개의 신경세포가 움직이기 때문에 전혀 사용하지 않던 세포가 움직여 통증이 생겼던 것이다. 운동법 중에 사용하지 않던 신경과 근육을 이용하는 것이 있는데, 그중에 대표적인 것이 뒤로 걷기다. 앞으로만 걷는 사람은 뒤로 걸을 때 쓰는 신경과 근육이 퇴화된다. 뒤로 30분 만 걸어도 다리가 아픈 것은 사용하지 않던 근육이 내지르는 비명이다.

지구상에는 수많은 동물이 있지만 웃을 줄 아는 동물은 오로지 사람밖에 없다. 소가 웃거나 개가 웃는 법은 없다. 창조주가 인간임을 증명하기 위해 웃음의 특권을 인간에게만 부여해 주었다. 때문에 만일 웃지 않고 무표정으로 일관하거나 으르렁대면 '신이 준 특권'을 포기한 사람이다.

아이들을 천사라고 하는 것도 바로 방긋방긋 웃는 미소 때문이다. 아이들은 상대가 누구이건 가리지 않고 아낌없이 미소를 짓는다. 사람은 태어나서 6개월이 되었을 때 하루 평균 450~600번 정도 웃는데, 나이가 들수록 그 횟수가 줄어들어 성인이 되면 웃는 횟수가 12번에 불과하다. 이제부터라도 다시 '인간의 특권'을 되찾으면 행복지수가 저절로 올라간다.

며칠 전, 베트남에 간 지 얼마 안 되는 후배가 이메일을 보내왔다.
"이곳 공장 직원들의 한 달 평균 임금은 우리 돈으로 20만 원입니다. 그런데 행복지수가 세계 6위라네요. 우리는 59위라는데…."
행복은 돈으로 결정되는 것이 아니라 웃음으로 결정된다. 이제 우리도 밝은 미소를 띠고 사람을 대해보자. 우선 가까이 있는 사람에게 실습을 하는 것이다. 가족들과 눈이 마주치면 웃고, 이웃과도 얼굴을 보면 웃고, 지나가는 모르는 사람에게도 미소를 짓자. 왜 사람들이 김연아 선수와 손연재 선수에게 열광하는가를 생각해 보라. 그들이 뛰어난 기술을 보여줘서 국민 여동생이 된 것이 아니다. 어떠한 상황에서도 환하고 아름다운 미소를 보여주기 때문이다. 그래서 광고에도 자주 등장하는 인기모델이 된 것이다.

세상에 미소가 필요 없을 만큼 부자인 사람도 없고, 미소의 혜택을 누리지 못할 정도로 가난한 사람도 없다. 미소만큼 평등하고 가치 있는 재산도 없는 것이다. 열 번 백 번 "김치~"하며 다 같이 활짝 웃는 가족 사진을 찍어 걸어보자. 집안 분위기가 180도 바뀔 것이다.

만남이 운명을 만든다

꽃밭에서 나오면 꽃내음이 나고 쓰레기장에서 나오면
악취가 난다. 누구와 어울리는가?

꽃밭에서 나오면 몸에서 꽃내음이 나고 쓰레기장에서 나오면 악취가 난다. 무엇이든 함께 오래 지내다 보면 자신의 본질이 바뀌기 때문이다. 옛날에는 좋은 스승을 만나 배움을 얻기 위해 산속으로 들어가 10년 공부를 하고 하산했지만, 꼭 심심산골의 도사님만 스승이 아니다. 누구와 어울리느냐가 자신의 운명을 만들게 마련이어서 사람은 오래 곁에 있는 사람과 같은 운명을 가지게 된다.

나는 누구와 어울리는가를 살펴보자. '모진 놈 곁에 서 있으면 벼락 맞는다.'라는 말은 불행한 사람과 엮이거나 잘못을 변호해 주다 함께 안 좋은 일을 당하게 된다는 뜻이다. 불행한 사람의 공통점은 불행해지는 방향으로 행동한다는 점이다. 감사할 줄 모르고 투덜대거나 불평을 입에 달고 사는 사람, 남 탓하기 좋아하는 사람이 그 대표적인 예다. 그런 사람과 같이 있다 보면 나도 모르는 사이에 말투나 사고방식을 닮게 되어 함께 불행길의 동반자가 되는 것이다.

한 여자가 잘생기고 돈 많은 남자와 결혼을 했다. 신혼 초부터 신랑이 계속 밤에 일을 해야 한다며 자주 집을 비워 도대체 무슨 일을 하기에 밤마다 나가느냐고 물었다. 그랬더니 신랑이 "야간근무가 수당이 높아 늦게까지 일한다."고 했다. 아내는 그 얘기를 듣고 존경심이 들어 보약까지 사다가 달여 먹이기도 했다. 신랑은 가끔 거래처에서 싸게 구했다며 다이아몬드 반지나 고급시계를 아내에게 가져다주기도 했다. 그때마다 아내는 고마워하면서도 의문이 생겼다. 그러던 어느 날 신랑이 새벽에 몰래 들어오면서 신발장에 숨긴 검은 복면과 흙 묻은 운동화가 들통이 났다. 알고 보니 남편은 도둑이었던 것이다.

"당장 손 씻지 않으면 이혼하겠어요."
"할 줄 아는 것도 없고 곧 애도 태어나는데 그럼 우리는 뭐 먹고 살지?"
"기술이라도 배워보세요."
"새 직장 구할 때까지만 참고 기다려줘."

정이 뭔지 아내는 마음이 약해져 그러마고 대답했고, 세월이 흘렀

성공의 날

지만 직업 전환(?)은 쉽게 이뤄지지 않았다. 그러는 사이에 아내는 죄의식보다는 호기심이 생겨 밤일을 할 때 따라나섰다가 망을 봐주는 망보기가 되었고, 주위 소문을 종합하여 돈 많은 집 정보까지 수집해 주는 공범이 되고 말았다. 한 수사관이 내게 작품을 써보라며 들려준 얘기다.

누구나 살아가면서 수많은 사람들을 만나는데 그 안에 나의 운명을 바꾸어줄 사람들도 수두룩하다. 그러나 좋은 인연과 나쁜 인연은 가려서 만나야 한다. 자주 가까이 하는 사람과 공동운명체가 되어버리기 때문이다.

진실한 사람, 밝고 긍정적인 사람, 어려움을 극복한 사람은 나이와 상관없이 내가 모시며 배워야 할 사람이다. 먼저 다가가 차라도 한잔하며 대화를 청해보는 것이 필요하다. 그러나 눈앞에 좋은 사람을 두고도 소 닭 보듯 멀뚱멀뚱 바라보기만 하면 눈앞의 떡도 먹지 못하는 꼴이 된다. 공장에만 기술이 있는 것이 아니라 사람 사귀는 것도 기술이다. '나는 원래 숫기가 없으니까….' 하며 지레 포기할 게 아니라 적극적으로 연구하고 실습해서 실력을 향상시키는 노력이 필요하다.

갓 내린 커피처럼 뜨거운 사람이 되자

낚시터에 가면 어떤 사람은 자리에 앉기가 무섭게 월척을 낚는데, 어떤 사람은 해 넘어갈 때까지 피라미 하나 못 건진다. 그 다음날은 새벽 일찍 나가서 어제 잘 낚은 사람의 자리를 먼저 차지하고 낚싯대를 드리웠는데도 허탕을 치지만, 어제 잘 잡던 사람은 내가 허탕친 자리에서 오늘도 월척을 건진다.

자연의 모든 생명에는 저마다의 에너지가 있는데 자석에 쇳가루가 달라붙듯이 보다 강한 에너지를 가진 쪽으로 끌려가게 되어 있다. 운을 잡는 사람은 너나없이 에너지가 강한 사람인데, 에너지의 본질은 바로 열정이다.

열정적인 사람은 보고 있으면 왠지 기분이 좋고 아무리 오래 이야
기해도 지치지 않는다. 긍정 에너지가 넘쳐 모든 사람을 정성과 사
랑으로 대하기 때문에 언제 보아도 갓 내린 커피처럼 향긋하고 뜨거
운 열정을 가진 사람이다.

사무실에서 나의 일을 돕는 젊은 작가는 사람을 끄는 힘에 대한
이야기를 익히 듣고 훈련도 많이 했다고 한다. 자신에게서 나오는
에너지가 과연 어느 정도인지 스스로 테스트를 했다.

"오늘 아침 사무실 앞 횡단보도에 모델같이 키 크고 늘씬한 젊은
외국인 남자가 서 있는데 고개를 반대편으로 돌리고 있어 얼굴이 궁
금해지더군요. '저 외국인이 나를 쳐다본다' 는 생각을 반복하면서
그쪽으로 걸어가는데 마음속으로 그 말을 딱 세 번 반복하자 거짓말
처럼 제 쪽으로 고개를 휙 돌렸어요."

끌어당기는 힘은 누구에게나 있어 원하는 것은 무엇이든 이룰 수
있다. 자신감, 기쁨, 감사의 마음이 충만할 때 사람은 우주의 좋은 운
과 기를 끌어들인다. 이런 상태일 때는 찾아오는 사람, 만나는 사람
도 모두 긍정 에너지를 가졌으며 함께했을 때 시너지를 발휘하는 사
람들이다.

내가 서울대입구에 있는 집필실로 이전한 얘기를 하자. 어느 날

전혀 모르는 독자로부터 전화를 받았다.

"저는 60이 된 독자입니다. 전에 TBC에서 송해 씨와 함께하는 '가로수를 누비며'를 매일 아침 들으며 많은 것을 깨달았는데 동양방송이 없어져서 답답했습니다. 그후 고민거리가 생겨 오랫동안 힘든 세월을 살아왔는데, 선생님의 책 〈흥하는 말씨 망하는 말투〉를 읽자 가슴속으로 뜨거운 기운이 들어옴을 느꼈지요. 그래서 펜으로 줄을 쳐가며 12번을 반복해서 읽었는데, 그동안 고민하던 문제가 해결되어 뭔가 보답을 하고 싶어서 이렇게…."

그 얘기를 듣자 나도 가슴이 뭉클해졌다.

"고맙습니다. 그 마음이 바로 보답입니다."
"아닙니다. 마음의 빚도 빚입니다. 거절하지 마십시오."

이렇게 해서 서울대입구에 아담하고 쾌적한 집필실이 생겼고, 1년이 지나는 동안 기적 같은 일들이 매일 생기고 있다. 그것은 긍정 에너지가 계속 증폭되어 생겨나는 일들인데 에너지는 공유된다. 산에 올라가 "야호~" 하면 메아리가 되어 나에게 반복되어 돌아오는 것과 마찬가지다.

긍정 에너지를 가지려면 말을 적게 하고 마음을 열어놓아야 한다.

또 누가 뭐라고 하건 대답은 언제나 "예스"로 하는 것이다. 내가 "예스"라고 하면 주변의 상황도 전부 "예스"로 바뀌게 된다. 세상의 모든 원리는 뿌린 씨앗만 돋아난다는 사실이다.

이상헌의 초강력 에너지 법칙 50

누구에게나 기회는 찾아오지만 강력한 에너지를 가진 사람만이 기회를 잡는다.
그것이 바로 끌어당김의 법칙이다.
초능력은 무한한 잠재력을 깨닫고 사용할 줄 아는 사람에게서 나타난다.
"되었으면…"이 아니라 "되었다."로 하는 것이다.

01. 차에만 가솔린을 채우지 말라. 마음에도 에너지를 가득 채워라.

02. 자신을 뜨겁게 믿고 사랑하라. 끝까지 100도를 유지한다.

03. 에너지그룹을 만들라. 확신의 동지끼리 뭉치면 33배의 파워가 생겨난다.

04. 말하는 대로 이뤄진다. 믿음의 언어만 사용하라.

05. 열정을 가지고 살아가라. 냉소와는 결별하라.

06. 걱정은 자살특공대다. 걱정과 동업하지 말라.

07. 서두르지 말라. 자연스러움이 하늘의 뜻이다.

08. 몸과 마음을 우주에 맡겨라. 우주와 자신은 같은 속성이다.

09. 멘토를 만나라. 제갈공명 같은 멘토는 천하보다 더 귀하다.

10. 달리는 말에 째찍을 가하라. 승부는 1초 차이로 결정된다.

11. 긍정의 안경을 써라. 수용하면 새롭게 창조된다.

12. 남을 의식하지 말고 조바심 내지 마라. 모든 것에는 때가 있다.

13. 아침저녁 "이뤄졌다"고 외쳐라. 이보다 강력한 주문은 없다.

14. 불안에 떨지 말라. 요즘은 간첩도 떨지 않는다.

15. 넘어짐은 실패가 아니다. 일어나 달려가라.

성공의 날

16. ‘다 함께 차차차’의 시대다. “나 혼자만이…”를 부르지 말라.

17. 혈액도 돌지 않으면 살아 남을 수 없다. 깨끗한 피를 유지하라.

18. 숨도 들이쉬고 내쉬지 않으면 죽는다. 그래서 호흡(呼吸)이다.

19. 아침저녁 문을 열고 환기하라. 기를 바꿔야 운도 바뀐다.

20. 안 풀리면 봉사에 앞장서라. 봉사는 가장 큰 에너지다.

21. 집안청소만 하지 말라. 마음도 매일 청소하라.

22. 가슴 펴고 당당히 걸어라. 강력한 기가 강한 운을 끌어당긴다.

23. 부모에게 효도하라. 부모는 살아 있건 아니건 최고의 수호신이다.

24. 감성을 일깨워라. 부드럽고 유연해야 생명이 소생한다.

25. 아름다움을 보고 듣고 느껴라. 영적인 풍요를 누리게 된다.

26. 내가 나를 사랑할 때 내가 존재한다. 자신을 뜨겁게 사랑하라.

27. 사랑만이 사랑의 파동을 만든다. 사랑의 파동이 우주를 지배한다.

28. 처음으로 돌아가라. 해답은 그곳에 있다.

29. 남을 감동시켜라. 감동의 언어가 기적을 만든다.

30. 감사, 감동, 감격을 메모하라. 새로운 역사가 펼쳐진다.

31. 작은 것을 먼저 성취하라. 참새 잡는 기술로 독수리도 잡는다.

32. 친구 선택에 주의하라. 선과 악의 갈림길만큼 중요한 선택이다.

33. 날마다 새롭게 탄생하라. 새로움에는 신비의 에너지가 발생한다.

34. 지난 세월에 한눈 팔지 말라. 오는 세월을 반갑게 맞이하라.

35. 말 한마디로 천냥 빚을 갚는다. 말 빚부터 갚아라.

36. 희망을 잃지 말라. 희망마저 잃으면 남는 것은 없다.

37. 힘들어도 악과 타협 말라. 초강력 에너지는 선에만 존재한다.

38. 자신을 끊임없이 격려하라. 내부에 숨어 있던 능력이 열매 맺는다.

39. 때로는 생각을 뒤집어라. 빈대떡만 뒤집는 것이 아니다.

40. 아픔에 감사하라. 아픔은 깨달음을 주려는 신의 배려다.

41. 운전 못 하면 벤츠도 쇳덩이에 불과하다. 능력도 마찬가지다.

42. 때로는 권태가 침입한다. 거울을 보며 '강남스타일'을 불러보라.

43. 항상 감사하고 기뻐하라. 그 속에 기적의 키워드가 있다.

44. 기도하듯 말하라. 밝고 온화한 음성만이 응답을 받는다.

45. 총구가 흔들리면 엉뚱한 곳으로 발사된다. 냉정하라.

46. 정수기 물만 마시지 말라. 자신부터 먼저 정화시켜라.

47. 판단과 행동을 동시에 하라. 1초의 기적을 감지한다.

48. 현미경으로 세상을 보지 말라. 망원경으로 내다보라.

49. 수시로 자신을 업그레이드하라. 한순간에 해탈한다.

50. 누구에게나 내재된 창조주의 DNA가 있다. 신념으로 확인하라.

동시처리기술을 활용하라

"시간이 없어서"라고 말하는 사람 중에는 정말 시간이 없다기보다 주어진 시간을 짜임새 있게 사용하지 못하는 경우가 더 많다. 집안을 살펴보자. 바쁘다는 핑계로 설거지를 수북이 쌓아놓는 주부들이 많다. 저녁때 한꺼번에 하는 것이 합리적이라고 생각한다. 그러나 싱크대의 세균은 기하급수적으로 늘어나 저녁때가 되면 변기의 2,000배나 되는 세균이 들끓는다.

시간 활용에 베테랑인 사람은 똑같은 일을 해도 주어진 기한 내에 척척 해내지만, 내일 내일 하며 미뤄 일이 산더미처럼 쌓였을 때 하는 사람은 아무리 오래 일을 했어도 아마추어에 불과하다. 시간에 쫓기기 시작하면 끝까지 도망자가 된다.

모든 사람에게 가장 큰 자산은 돈이 아니라 시간이다. 시간을 효율적으로 활용하는 사람만이 성공의 금메달을 목에 걸 수 있다. 야구 경기에서 타자가 날아오는 공을 때릴 때 0.001초만 늦어도 파울이 되어 적시안타適時安打를 놓칠 수 있다. 오늘 일을 내일로 미루다 보면 파울만 치다가 영원한 낙오자가 될 수밖에 없다. 내일 내일 하다가 인생의 9회 말에 와 있게 되는 것이다.

나는 젊을 때 시간의 손실을 많이 입어 시간을 증폭시켜 사용하는 방법을 개발했다. 그것이 바로 동시처리기술이다. 공기총으로 새를 잡을 때는 납탄 하나로 한 마리밖에 못 잡지만, 산탄총은 한 번만 쏘아도 새가 우수수 떨어진다. 세탁기 원리도 비슷하다. 손빨래를 할 때는 하나하나 빨아야 되지만, 세탁기는 수십 벌을 넣고 돌려도 순식간에 세탁되므로 시간도 수십 배 절약된다.

똑같은 시간에 남보다 많은 일을 하려면 열심히 한다고 될 문제가 아니다. 나는 일찍부터 동시처리를 해왔다. 한국전쟁 피란길에서도 책을 읽으며 걷다가 돌부리에 걸려 넘어질 정도였다.(나 나름대로 시간을 값지게 쓴다고 생각했다.)

그동안 나는 강의, 방송, 주례, 칼럼 등으로 정신없이 바쁘게 살아왔는데, 이때부터 시간을 열 배로 만드는 방법을 활용하기 시작했다. 일이 폭주하더라도 어쨌든 능력은 계속 개발해야 하기 때문에 공부한 내용을 극대화시켜 활용한 것이다.

  1. 강연할 때 사용한다.

  2. 방송출연하여 사용한다.

  3. 방송칼럼으로 이용한다.

  4. 신문칼럼으로 활용한다.

  5. 잡지에 기고한다.

  6. 사보에 게재한다.

  7. 인터넷에 올린다.

  8. 모아서 책을 펴낸다.

이렇게 하다 보면 시간의 가치가 무한대로 증폭된다. 이렇게 살면서 나는 한 번도 바쁘다는 소리를 해보지 않았다. 시간은 찾아서 하고 만들어 할 수 있다.

시간이란 흐르는 물처럼 잡을 수 없어 주어진 순간에 적극적으로 활용하지 않으면 영영 돌아오지 않는다. 적극적인 행동파만이 시간을 자기 것으로 만들 수 있다.

하루 24시간을 분으로 환산하면 1,440분이다. 더도 말고 이 시간의 1% 인 14분만 어떤 일이건 가치 있게 써도 인생은 달라진다. 영어를 잘하고 싶은 사람은 영어를 공부해도 좋고, 건강이 안 좋은 사람

은 체조를 해도 좋다. 시간을 값지게 쓰면 인생과 건강의 저금통장
이 더욱 풍요로워질 것이 분명하다.

나는 승리자가 되기 위해 태어났다

'당신은 사랑받기 위해 태어난 사람…' 이란 노래는 많은 사람들이 휴대폰 컬러링으로 사용할 정도로 좋아한다. 익숙한 멜로디에 가사도 쉽게 다가와 듣는 이들에게 감동을 주기 때문이다. 이 노래와 같이 만인의 사랑을 받으려면 승리자가 되어야 한다. 패배자와 어울려 노래하고 춤추는 경우는 없다. 승리자가 되려면 성공자의 의식구조를 우선적으로 체득해야 한다.

사람들은 돈을 많이 버는 것이 성공이라고 생각한다. 그래서 앞뒤 가리지 않고 돈만 보고 달려가는 오류를 범한다. 그러나 돈 많은 거지도 얼마든지 있고 돈 없는 부자도 많다.

감사, 기쁨, 헌신, 봉사, 열정, 사랑, 끈기는 승리자의 7대 덕목으로 이 일곱 가지 덕목을 갖추지 못하면 돈을 아무리 많이 가져도 빛을 발하지 못한다. 재벌이 되고 대통령이 되어도 존경받지 못하면 승리자가 될 수 없음은 말할 나위가 없다.

성공하려면 먼저 성공을 선언해야 한다. 1919년 3월 1일 파고다 공원에서 독립선언문을 낭독하고 선언했다. 그것이 온 국민의 마음속에 독립의 씨앗을 심었고, 1945년 8월 15일 해방을 맞이하게 한 것이다.

만공 스님은 기골이 장대하고 힘이 천하장사여서 누구도 그를 이기지 못했는데, 하루는 독립선언 33인의 한 분인 만해 한용운 스님을 찾아와 품에서 칼을 꺼내 보였다.

"웬 칼입니까?"
"꼭 죽일 사람이 있어서요."
"그게 누구요?"
"조선 총독입니다. 우리나라를 침략하여 약탈과 만행을 계속하니 도저히 참을 수 없습니다. 꽃 같은 우리네 딸들을 정신대로 끌고 가지를 않나, 아들들을 전쟁터에 데려가 총알받이로 사용하지 않나, 어떻게 이런 것을 보고만 있겠습니까?"
"총독은 이미 송장이오. 우리나라가 독립이 되면 누구 손엔가 죽을 것이고 살아 돌아가도 산송장인데 송장 치고 살인 날 필요가 있겠소?"

　만공 스님은 느낀 바 있어 그 길로 서산 간월암으로 들어가 독립을 위해 천일 기도를 했는데, 그 기도가 끝나는 날이 1945년 8월 15일이었다.

　옛날에는 '말이 앞서는 사람은 될 일도 안 된다.'며 되도록 말을 아끼는 것을 미덕으로 여겨왔지만 이제는 시대가 달라졌다. 소원이 이미 이루어졌다는 가정 아래 "~해서 감사합니다."라고 자신에게 주문을 걸 듯이 선언하면 그것이 바로 성공 시뮬레이션이다.

　창세기에 나오는 천지창조를 읽어보자. 칭조주가 세상 하나하나를 만들고 나서 한 말은 "야, 좋구나. 최고 걸작품이다."라는 감동의 언어다. 감동의 언어를 사용하면 틀림없이 감동할 일들이 일어난다. 세상에는 비난과 비판이 난무하는데 이런 사람들은 자기가 한 말이 자기에게 가장 큰 영향을 미친다는 것을 미처 생각하지 못한다. 이루고 싶은 바를 확신에 찬 목소리로 자주 반복해서 말하라. 그 언어의 씨앗이 나의 미래에 확고히 심어져 어느새 현실에서 마주하게 된다.

Life lessons 5 minutes a day

성공의 날

늘 뭔가 잘 풀리지 않고 힘든 사람은 시작부터 문제가 있게 마련인데, 알고 보면 하찮은 데서 해답을 찾을 수 있다. 현대자동차가 포니를 미국에 수출했을 때 우리는 감격했다. 이제 우리도 자동차 수출국이 되었다는 생각만 해도 감동 그 자체였는데, 얼마 안 되어 모두 리콜을 한다고 뉴스에 나오자 가슴이 철렁했다. 알고 보니 나사를 세 바퀴 돌려야 하는 것을 두 바퀴 반을 돌렸기 때문이란다. 결국 반 바퀴를 더 돌리느냐 아니냐가 자동차의 운명을 좌우했던 것이다.

성실의 날

아침에 깨어나면 "좋은 아침" 하고 외치자

"좋은 아침" 하고 힘차게 인사하자!
아침을 얻은 자만이 평생을 얻는다.

서양사람은 아침에는 무조건 "굿모닝"이다. 밤새 폭우가 쏟아졌건 옆집에 불이 났건 굿모닝은 변하지 않는다. 아침이 좋으면 온종일이 좋게 마련이다. 우리는 "안녕하십니까?"다. 나는 이 말을 들으면 짜증이 난다. 의사가 진찰할 때라면 또 모른다. 안녕하지 못하다고 해서 무슨 처방을 해주는 것도 아니고 "남이야 안녕하건 아니건 무슨 상관"이냐고 하는 사람도 있다. 시작이 좋으면 끝도 좋다는 말은 동서고금의 진리여서 아침의 첫마디가 하루를 움직이는 중요한 에너지가 된다.

아침에 일어날 때마다 "아이구 죽겠네."를 외치는 사람도 있다. 이것은 단지 말버릇이지만 이런 사람을 보면 이상하게도 일이 꼬여 결국엔 죽겠다는 상황에 처하게 된다. 파블로프의 조건반사처럼 하는 말에 걸맞은 현상이 나타나는 것이다.

늘 뭔가 잘 풀리지 않고 힘든 사람은 시작부터 문제가 있게 마련인데, 알고 보면 하찮은 데서 해답을 찾을 수 있다. 현대자동차가 포니를 미국에 수출했을 때 우리는 감격했다. 이제 우리도 자동차 수출국이 되었다는 생각만 해도 감동 그 자체였는데, 얼마 안 되어 모두 리콜을 한다고 뉴스에 나오자 가슴이 철렁했다. 알고 보니 나사를 세 바퀴 돌려야 하는 것을 두 바퀴 반을 돌렸기 때문이란다. 결국 반 바퀴를 더 돌리느냐 아니냐가 자동차의 운명을 좌우했던 것이다.

내가 성공하느냐 아니냐도 바로 이런 작은 차이가 만드는 것이다. 잘되고 안 되고는 팔자 때문이 아니라 잘못 형성된 습관 때문이다. 습관이 팔자를 만드는데 그중에 첫째는 말버릇이다. 뭔가 잘 안 풀리는데 어떻게 하면 좋겠느냐고 묻는 사람들이 많다.

"방법이 있을까요?"
"하늘의 별만큼 많지요."
"알려주시면 크게 한턱 내겠습니다."
"100일간 '좋은 아침'을 외치고 활기차게 일어나 보세요. 그럼 100일 후에 다시 오십시오."

이때 고맙다고 인사하는 사람도 있고 그런다고 되겠느냐고 하는 사람도 있는데, 고맙다고 하면서 당장 행동으로 옮긴 사람은 그 사이에 이미 놀라운 변화가 생겼다. 그러나 부정적으로 받아들인 사람은 그때나 지금이나 변화가 없다. 이것이 믿고 행한 사람과 하지도 않고 불평한 사람의 차이다. 100일이란 특별한 의미가 있는 것이 아니다. 무엇을 하더라도 완벽하게 습관을 들이려면 적어도 이 정도의 시간은 꾸준히 노력해야 하기 때문에 그렇게 말한 것뿐이다.

"절실해서 시키는 대로 했습니다. 한 달이 되니까 아침이 기다려지고 즐거워지더군요. 만나는 사람마다 '좋은 아침'을 힘차게 외치며 인사했는데 사람들이 무슨 보약을 먹었느냐고 놀라요. 저희 가정도 정상을 되찾았고 회사에서도 승진하여 좋은 프로젝트를 맡게 되었습니다."

기도가 따로 있는 것이 아니라 우리가 하는 말이 모두 기도다. "좋은 아침!"이라고 말하는 순간 희망과 열정이 분출되는 것이다. 아침은 하루의 기가 화산처럼 분출하는 시간이다. 좋은 아침을 얻은 자가 좋은 평생을 얻는다.

안 될 이유부터 찾는 사람,
"네!" 하고 응답하는 사람

누구에게나 기적을 만들 수 있는 에너지가 있다.
그것은 바로 열정이다.

불에 달궈진 쇠는 수없는 단련을 통해 강철로 변한다. 저절로 강해지는 법이란 없다.

어떤 부탁이나 지시를 받았을 때 안 될 이유를 나열하는 사람에게 정주영 회장이 하는 말이 있었다.

"해봤어?"

불평하는 사람은 해보지도 않고 억지를 부린다. 해보나 마나 뻔하다고 생각하기 때문에 주어진 떡도 먹지 못하고 누가 무슨 말을 하면 초를 친다.

"그게 되면 내 손가락에 장을 지진다."

부정적인 사람은 안 될 이유만 나열하다가 세월을 보낸다.

삼성 애니콜이 수시로 A/S가 들어오자 자존심이 상한 이건희 회장은 문제 있는 제품을 A/S하지 못하게 했다.

"그런 무사안일주의자는 삼성맨이 못 된다. 자기가 만든 물건이니 자기 손으로 직접 부수게 해라."

직원들은 망치를 들고 자기가 만든 제품을 두드려 부수면서 통곡을 했다. 폐기시킨 것만 해도 300억 원 어치가 넘는다. 이렇게 해서 심기일전하여 명실상부한 세계 최고가 되었다. 이것이 한국인의 힘이다.

일본의 파나소닉은 세계에서 손꼽는 전자회사다. TV방송 초창기에 파나소닉 TV가 있는 집은 행세하는 집이었다. 그러나 문제는 언제나 잘나갈 때 생겨난다. 교만해지는 것이다. 얼마 전 파나소닉이 실패를 인정했다.

"우리는 삼성이나 LG를 죽었다가 깨도 따라갈 수가 없습니다."

일본에는 소니를 비롯한 수많은 전자회사가 있지만, 이제는 모두 합쳐도 삼성전자 하나를 못 당한다. 빠른 행동이 빠른 결과를 만들 듯 패기 있게 대답하는 사람은 일도 활기차게 진행하는 게 당연한 일이다.

사람의 뇌는 가만히 두면 99%까지 부정적으로 생각이 흘러가게 되어 있다. 우물쭈물하며 대답을 얼버무리는 사이에 안 될 핑곗거리가 열 가지도 더 생각나는 것이다. 안 될 생각만 하는데 그 일이 잘 될 턱이 없다. 그것이 바로 조건반사다. 매사에 부정적인 태도에 익숙해지면 아무것도 시도할 수 없고 아무런 발전도 할 수 없는 무능한 사람이 되고 만다.

돛을 바로 세워라

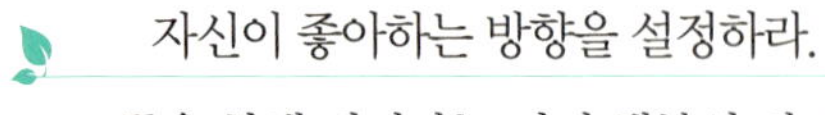

내가 처음 직장을 얻은 곳은 모두가 부러워하는 직장이었는데, 이 곳에서 나는 책 만드는 업무를 맡았다. 그때만 해도 취업이란 상상하기가 힘들 정도였다. 지금은 직장이 많아도 들어가려는 사람이 워낙 많아 경쟁을 뚫기가 힘들지만, 그때는 일자리 자체가 별로 없어 취직하기가 힘든 때였다. 그런데 어렵게 들어간 회사를 사흘 나가고 그만두었다.

출근을 해서 일하려고 했는데 정신이 혼미해지더니 무엇이 목구멍으로 올라와서 화장실로 달려가 뱉어보니 시뻘건 피덩이였다. 좀 진정되었다 싶으면 또 핏덩이가 넘어오는 바람에 몇 시간을 계속 화장실에서 고투하다 보니 한겨울인데도 금방 온몸이 땀범벅이 되어

버렸다. 나는 그 길로 비틀거리면서 집으로 돌아왔고, 이것이 나의 첫 직장이자 마지막 직장이 되었다.

이런 몸으로는 직장에 나갈 수가 없으니 이제 직장을 구하려고 애쓸 것이 아니라 나 자신이 사장이 되어 나를 고용하자. 그러면 출퇴근 걱정도 할 필요가 없고 남의 눈치도 볼 필요도 없다. 이렇게 해서 프리랜서의 길을 걷게 되었다.

많은 사람들은 열심히 공부하여 남들이 부러워하는 직장에 들어간다. 그러나 일하다 보면 자기 마음에 들지 않아 갈등을 느낀다. 그러나 나는 그런 걱정을 해본 적이 없다. 평생 하고 싶은 일을 하며 살고 있기 때문에 매우 행복하다. 돈을 많이 벌고 아니고는 큰 문제가 아니다.

큰 호텔을 지어 개업한 친구의 초청을 받아 가보았더니 룸이 300개나 있었다. 그가 대부분의 시간을 호텔에서 보낸다고 하길래 물었다.

"하루 밤에 몇 개의 방에서 잠을 자나?"
"그게 무슨 소린가? 방 하나면 충분하지."
"나는 시간마다 이 방 저 방을 돌면서 잠자는 줄 알았네."

물론 웃자고 한 말이었지만, 친구들을 만나면 어느 동네에 사느냐 아파트는 몇 평이냐 하며 서로 호구 조사하듯 묻는다. 12평짜리 임대주택에 산다고 불행하고 100평짜리 아파트에 산다고 행복한 것도 아니다. 남을 지나치게 의식하다 보니 빚을 얻어 평수를 늘이다가 이자를 못 내어 경매당하는 경우도 비일비재하다. 일본 총리도 20평 아파트에 살면서 자기 집은 너무 넓다고 생각한다. 행복한가 아닌가는 마음의 평수로 계산되는 것이지 아파트 평수로 계산되는 것이 아니다. 김수환 추기경은 티코를 타고 다니셨지만 세계적인 정신지도자였음을 아무도 부인하지 못한다.

똑같은 바람을 맞으며 동쪽으로 가는 배도 있고 서쪽으로 물길을 헤쳐가는 배도 있는데, 어느 쪽으로 가느냐는 바람의 방향이 아니라 돛을 어떻게 세우느냐로 결정된다. 바람 부는 대로 물결치는 대로 배를 맡기다 보면 거친 풍파를 견디지 못한다. 인생항로도 다를 것이 없다. 목적지가 없는 배에 순풍은 불지 않는다. 인생항로를 항해할 때 돛을 바로 세우는 건 자신의 몫이다. 내 갈 길은 누가 뭐래도 내가 결정하고 나아가야 한다.

1초에 기뻐하고 1초에 운다

나는 어떤 모임이건 건배할 때 "처음처럼"이라고 말하는데, 처음으로 돌아가자는 의미로 그렇게 한다. 눈도 첫눈이 가장 아름답고 첫사랑이 가장 애틋하듯이 처음의 느낌은 언제나 소중하다. 직장에 출근한 첫날을 생각하면 흥분으로 가슴이 뛴다. 매사에 처음 마음으로 임한다면 인생은 날마다 즐겁고 행복하게 마련이다.

결혼식을 하고 신혼여행을 떠날 때는 몸도 마음도 구름 위를 걷는다. 항상 이 마음으로 살아간다면 부부 싸움은커녕 평생 행복은 자신의 몫이 된다.

미국 영화를 보면 처음부터 끝까지 "아이러브유"가 1~200번 반복된다. 그것은 그들의 생활이다. 사랑한다는 말을 반복할수록 사랑이 증폭된다는 것을 그들은 알고 있는 것이다. 우리라고 '사랑합니다'란 단어를 모를 리가 없다. 결혼 초에는 알콩달콩 사랑한다고 말하다가 어느 순간부터는 슬그머니 그 말이 실종되고 곧 다른 말들로 대체된다. 이때부터 원망과 욕설이 난무하며 상대를 똑바로 쳐다보지도 않는다.

서세원, 신은경 씨가 진행하던 한 TV 프로가 생각난다.

시골에 사는 노부부들을 스튜디오에 모셔놓고 퀴즈를 푸는데, 한쪽은 문제를 내고 한쪽은 답을 맞추는 게임이다.

답은 '천생연분'인데 남편이 4자라고 해도 부인이 엉뚱한 데서 헤매자 다시 힌트를 준다.

"당신과 나 같은 사이."
이 말이 나오자 부인이 의기양양하게 벌떡 일어나 '스톱'을 걸었다.
"평생 웬수~"

순식간에 방청석이 폭소의 도가니가 되었다. 살려면 욕하지 말고 욕하려면 살지를 말아야 하는데, 우리는 욕하고 싸우면서 평생 고통 속에 살아가며 서로에게 상처를 주고받으며 후회를 거듭한다.

어린아이들을 보면 아침에 눈을 뜨자마자 신나게 논다. 아이들에게 오늘은 언제나 처음 만난 새 날이다. 사람은 하루에도 수십 번씩 변한다. 물리적으로도 그렇고 정신적으로도 그렇다.

일본 시계회사 광고 카피에서 1초의 중요성을 배운다.

"고마워요." 1초의 짧은 말에서 사람의 따뜻함을 알 때가 있다.
"힘내세요." 1초의 짧은 말에서 용기가 되살아날 때가 있다.
"축하해요." 1초의 짧은 말에서 행복이 넘칠 때가 있다.
"용서하세요." 1초의 짧은 말에서 인간의 약한 모습을 볼 때가 있다.
"안녕." 1초의 짧은 말이 영영 이별이 될 때가 있다.

1초 전의 나는 지금의 내가 아닌 것처럼 상대방도 내가 가진 편견 속에 언제나 갇혀 있는 사람이 아니다.

성실의 날

나도 강남스타일

우리나라 남자들은 특별한 사유가 없으면 군에 입대하여 국방의 의무를 수행해야 한다. 그러나 복무기간을 어떻게 보내느냐에 따라 자신의 미래가 결정된다. 시간 때우기로 한다면 이처럼 쉬운 일도 없고 자신을 갈고 닦기로 마음먹으면 이처럼 좋은 기회도 없지만 대부분 그것을 모르고 지나간다.

이중국적을 가지고 있던 가수 유승준은 미국 국적을 포기하고 한국군에 입대하겠다고 공언했다가 막상 입대 날짜가 가까워지자 겁먹고 미국으로 떠나버렸고, 가수 싸이는 단군 이래 처음으로 본의 아니게 두 번씩이나 군에 입대를 하게 되었지만 불평 없이 즐기며 군복무를 마쳤다.

유승준은 돌아오고 싶어도 돌아올 수 없게 되었고, 싸이는 '강남 스타일'로 로또복권의 1,000만 배나 넘는 위력으로 세계를 강타하고 있다. 이것이 우연인가 천운인가는 각자에게 해석을 맡길 수밖에 없다.

이석준 씨는 1983년 6월, ROTC 육군 소위로 최전방 철책부대 소대장으로 부임했는데 마침 그날 폭우가 쏟아지자 중대장으로부터 철조망 이상 유무를 점검하라는 지시가 내려왔다. 신참인 이 소위는 우의를 입고 달려나가 묵묵히 임무를 마치고 '이상 없음'을 보고했다. 그런데 고참 소대장들은 밖에 나가지도 않고 '이상없음'을 보고했다.

나중에 안 일이지만 중대장은 그 일을 지시하고 OP에서 망원경으로 지켜보고 있었다. 임무를 제대로 수행한 소대장은 이 소위밖에 없는 것을 보고, 그후 중대장은 이 소위가 제대할 때까지 신뢰하고 힘이 되어주었다. 한 번 쌓인 신뢰의 힘이 얼마나 대단한 것인지를 실감할 수 있었던 소중한 경험이다.

전역 후 이석준 씨는 삼양식품에 공채로 입사하여 본사 기획조정실 교육훈련 담당으로 발탁되었다. 하지만 서울에서 방 한 칸 얻을 형편이 안 되어 교육 출장을 자원하여 전국을 누비며 숙식을 해결했다. 출장이 없을 때는 사무실 의자에서 새우잠으로 때우며 돈을 모아 가까스로 지하 셋방을 얻어 신혼살림을 시작했다. 그런데 싼 게 비지떡이라고 매년 여름이면 물난리를 겪어야 했다. 저지대에 지은 날림집이어서 방바닥에서 샘처럼 물이 솟아오르는 바람에 방 한쪽에 구덩이를 파서 물을 모으고 모터로 물을 밖으로 뽑아내면서도 하늘에서 쏟아지는 비를 피할 수 있음에 감사했다.

2년 만에 과장으로 전격 승진하여 교육훈련팀장을 맡았다. 그럼에도 자린고비 이상으로 구두쇠 노릇을 하여 작은 보금자리를 마련했을 때는 세상을 얻은 것처럼 기쁨이 넘쳐 아내는 감격의 울음을 터뜨리며 말했다.

"여보. 이제 비가 안 새는 집에 살게 되었어요."
"그뿐인가? 여기서는 하늘도 보이고 통풍도 되지."

지금도 그때를 생각하면 감격과 감동이 복받쳐오른다. 사람들이 이석준 씨를 "3실맨"이라고 부르는 것은 성실·충실·확실의 본보기이기 때문이다. 그의 사람됨이 소문나자 비서팀장으로 발탁이 되었고 회사의 요직을 두루 경험하게 되었다. 그룹 회장을 모시면서 국가관과 경영철학, 불굴의 개척정신, 철저한 자기관리와 절제 정신을 체득함으로써 미래의 경영 리더로서 자연스럽게 변화되어갔다.

요즘 기업들이 비상이다. 나라가 힘든데 기업이라고 온전하기가 힘들기 때문이다. 기업체 교육을 맡아서 뛰는 강사들은 줄잡아도 2,000명이 넘는데, 가족까지 합치면 1만여 명이 경제적으로 어려움을 겪고 있지만 그래도 활발하게 뛰는 사람 중에 하나가 이석준 씨다. 그는 21년간의 직장생활을 마감하고 2007년부터 산업교육 전문 강사이자 HRD컨설턴트로 재출발하여 평생교육학 박사가 되었다. 그의 성숙한 경험이 가미된 강의는 수요가 계속 늘어날 수밖에 없다.

이석준 씨는 지금도 전투 태세를 완비한 일선 소대장처럼 완벽한 준비를 하고 강단에 선다. 사람은 습관의 동물이어서 어떻게 습관이 들었느냐에 따라 인생의 방향은 달라진다. 오늘의 내 모습은 어제 내가 준비한 결과로 이루어지고, 내일은 오늘 내가 뿌린 씨앗이 돋아나 만들어진다. 불에 달궈지고 두드려진 쇠가 명검으로 탄생하는 것이다.

자신을 사랑하라

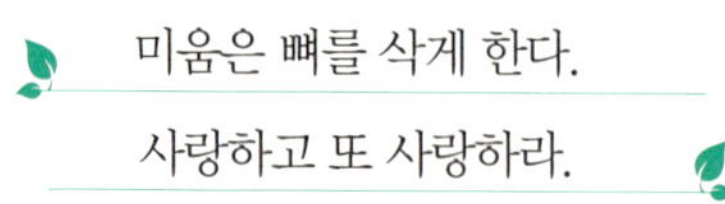

한세상 살아가면서 가장 괴로운 것은 미운 사람이다. 미워하면 할수록 감당할 수 없을 정도로 몸과 마음에 상처가 늘어난다. 이런 사람들이야말로 힐링캠프에 들어가야 할 사람들이다. 하버드대학에서 재미있는 실험을 했다. 피실험자에게 미운 사람을 생각하게 하여 흥분시킨 다음 혈액 1cc를 채취하여 분석한 결과 17명을 죽일 수 있는 독소가 나왔다. 성경에 "미움이 뼈를 삭게 한다."는 구절이 있는데, 이는 지극히 과학적인 이야기이다.

똑같은 현상이 발생해도 미움이 가득한 사람은 매사에 부정적이고 사랑이 가득한 사람은 웃어넘긴다. 모든 사랑은 자기 사랑에서 비롯되는 것이다.

나의 친구 중에는 종교인들이 많다. 스님도 있고 목사, 신부님 등 가깝게 지내는 분들이 많은 편이어 색다른 기획을 했다. 종교의 뿌리는 같은 것인데 반목과 원망 대신 서로 이해의 장을 만들어보려는 의도였다.

스님과 목사를 대상으로 매달 세미나를 열어 서로 상대방의 종교에 대해 공부하도록 했다. 예상외로 세미나는 화기애애하게 진행되었고, 세미나가 끝나고 헤어질 때는 자연스럽게 인사방법까지 변했다. 스님은 목사에게 "할렐루야" 하며 인사를 하고, 목사는 스님에게 합장하며 "성불하십시오." 하면서 작별을 했다.

자신을 있는 그대로 사랑하고 존중하는 것이 우리에게는 필요하다.

중세 프랑스의 한 임금이 최고의 화가에게 자기 어머니의 초상을 그리도록 했는데, 그 어머니는 한쪽 눈이 먼 애꾸였다. 화가는 역사적으로 남을 작품인데 애꾸로 그려서는 안 된다고 생각하고 양쪽 눈을 똑같이 그렸다. 그러자 이 그림을 본 임금은 대로하여 그 화가를 처형시켰다. 임금을 속인 죄처럼 무거운 것도 없기 때문이다. 그후 다시 그림을 그릴 화가를 뽑았는데, 이번에는 90세가 넘은 화가였다. 노 화가는 정면이 아닌 측면에서 그려 정상적인 눈만 보이도록 했는데, 이에 흡족한 왕은 그를 궁정화가로 임명했다.

성실의 날

긍정적인 시각으로 보면 세상은 아름다운 천국이다. 세상을 어둡게 보는 사람은 세상이 어두워서가 아니라 보는 눈에 문제가 있는 것이다. 자기를 사랑하는 사람은 이해와 사랑으로 세상을 밝게 보고 누구에게나 협력하려고 노력한다.

'기쁨세상' 회원인 강성관 씨가 기쁨축제 날 아침에 전화를 걸어왔다.

"오늘 몇 명이 참석하지요?"
"50여 명은 올 거다."
"알았습니다."

그는 어머니를 만나려고 파주에 갔는데 임진강 가에 냉이가 가득 자라는 것을 보고 회원들에게 자연의 맛을 보여주려고 몇 시간 동안 나물을 채취했다. 산타할아버지처럼 큰 자루에 담아 버스에 싣고 낑낑거리며 행사장까지 메고 와서 모두를 감동시켰다. 뿐만 아니라 한 달에 두 번씩 헌혈을 하고 아프리카에 염소 보내기 운동에 동참하는 등 사랑을 실천하고 있는 멋진 청년이다. 오래전부터 만나는 사람들에게 좋은 책을 선물해 온 강성관 씨는 〈흥하는 말씨 망하는 말투〉의 열혈독자로 나의 신간이 나오기를 손꼽아 기다리고 있다.

슬럼프에 빠져 있던 안다빈 화백은 기쁨세상을 통해 자기가 살아

났다며 감사 표시로 매달 '명품 떡집'에서 떡을 맞춰 가지고 와서 1년간 모두에게 즐거움을 주었다. 제빵기능사 자격을 딴 이정은 씨는 최고의 재료로 만든 쿠키를 1년 동안 회원들에게 제공하여 회원들을 기쁘게 했다.

자기를 사랑하고 기쁘게 사는 사람은 남을 기쁘게 할 줄 안다. 그러나 자기 자신을 괴롭히는 사람은 언제나 원망과 불평을 하며 인생을 힘들게 산다. 모든 사랑은 자기 사랑으로 비롯되는 것이다.

말의 힘은 육체의 힘을 능가한다

사람은 유일하게 말하는 동물인데 말을 제대로 못 하면 답답하기 짝이 없는 일이다. 말 때문에 사회생활은 물론이고 가정에서까지 어려움을 겪는 사람들이 의외로 많다. 직장인 대상으로 한 설문조사를 보면 90%가 말을 잘 못 해서 손해본 경험이 있다고 응답했다.

말은 인격이어서 말실수 한 번으로도 그 사람의 평판이 좌우된다. 유명인사나 정치인들의 말실수를 찍어 방송하는 '말,말,말' 이라는 프로가 있었는데, 여기에 한 번 등장하고 나면 돌이킬 수 없는 과오가 되어버린다. 말을 직업으로 삼고 있는 사람도 말실수를 하는데, 보통 사람이야 말할 나위가 없다.

님도 점 하나를 찍으면 남이 되는 세상에 아~해서 다르고 어~해서 다름을 인식해야 한다. 부부간의 파탄이나 나라를 망치는 일, 국제간의 분쟁도 모두 잘못된 말 한마디가 단초가 되는 것이다.

TV를 보면 어른 아이 할 것 없이 말을 잘한다 싶은데, 말에 자신 없는 사람들은 더욱 소외감을 느끼는 환경이 되었다. 이런 사람들은 심하면 우울증에도 걸리고 스스로를 인생의 실패자로 여기는 경우도 있다. 다만 학교성적이 우수하다고 언어구사능력이 뛰어난 것도 아니고, 말을 잘한다고 해서 벼슬하는 것도 아닌데 어딜 가나 발언권을 독점해야 속이 시원한 사람도 종종 있다. 서양 명언에 이런 말이 나온다.

"잘 짖는다고 명견이 아니듯 말을 많이 한다고 좋은 웅변가는 아니다."

필요할 때 필요한 말을 필요한 만큼 하는 사람이 말을 잘하는 사람이다.

시인이자 한국스피치&리더십센터 민영욱 원장은 억압된 환경에서 자라나 어려서부터 심하게 말을 더듬고 겨우 나오는 소리도 입속에서 맴돌기 일쑤였다. 그러다 보니 어디를 가도 따돌림을 당하고 일자리를 얻어도 얼마 있다가 쫓겨나자 여러 번 자살을 생각하다가 좋은 스승을 만났다.

"자네는 말을 못 하는 것이 아니야. 말에 대한 교육과 훈련이 안 되어서 그런 거라네. 처음부터 다시 시작하세."

가수가 음반을 녹음하려면 같은 곡을 수백 번 반복해 연습하듯이, 그는 열심히 말하는 연습을 하고 좋은 책을 소리내어 읽으며 마음을 다스리는 동안 이미 훌륭한 스피커로 변했다. 그는 자기와 같은 어려움 때문에 갈등하는 사람을 돕기 위한 강사가 되었다. 종로 2가에 있는 그의 교육장에는 직장인과 학생을 비롯하여 대중 앞에서 이야기하는 데 어려움을 겪는 사람들로 가득하다. 정치인들이나 유명인사들은 개인지도를 원해 출장지도도 한다.

민 원장은 최신 기계로 수강생이 말하는 것을 녹화한 다음 그 자리에서 재생시켜 문제점을 바로 찾아내는데, 이렇게 하면 빠르게 교정된다. 그는 자기 경험에서 우러나온 이야기들로 많은 저서를 펴내 모두 베스트셀러가 되었다. 〈파워 프레젠테이션 스킬〉, 〈성공한 사람들의 토론의 법칙〉, 〈성공한 사람들의 화술 테크닉〉, 〈사람은 칭찬을 먹고 산다〉, 〈성공하려면 유머와 위트로 무장하라〉 등은 직장인의 필독서로 꼽힌다.

"재미있는 현상은 말을 잘하게 되면 노래도 저절로 잘하게 됩니다. 호흡이 길어지고 마음의 여유가 생기기 때문이지요. 말 못 하는 사람은 대인관계 기피증도 생기는데 이런 증상도 어느새 없어져요.
자기가 치료하던 환자들을 보내는 의사들도 있습니다."

　민영욱 원장은 어린 시절 말을 못 한다는 이유로 소외되고 무시
당했다. 똑같이 일하는데도 말을 제대로 못 한다고 월급을 절반밖에
안 준 기업주도 있었다고 한다. 그러나 지금은 어디를 가나 최고의
대우를 받는다. 그것이 바로 말의 힘이다.

성실의 날

장난으로 한 약속도 약속이다

약속은 생명처럼 지켜야 한다.
신용을 잃으면 남는 것은 없다.

약속은 지켜야 되고 지키지 못할 약속은 하지 말아야 한다. 대학 시절 중국 학자들의 책을 탐독했는데 지금도 기억나는 것은 증자(曾子)의 얘기다. 그의 아내가 시장을 보러 가는데 아들이 따라가겠다고 울면서 떼를 쓰자 달래느라고 거짓말을 한다.

"내가 다녀와서 돼지 잡아줄게 잘 놀고 있어라."

그제야 아이는 떼쓰기를 멈췄다. 돼지 한 마리는 가난한 학자의 집에서는 큰 재산이다. 1년 내내 고기 한 번 먹기도 힘든 시절의 얘기다. 증자의 아내가 시장에 다녀왔는데 자기 집에서 돼지 멱따는 소리가 들려 달려와 보니 이미 남편이 솥에 물을 펄펄 끓이며 돼지

털을 벗기고 있었다.

"당신 미쳤어요? 어쩌자고 하나뿐인 재산인 돼지를 잡아요?"
"당신이 약속해 놓고 안 지키면 아이는 무엇을 배우겠소?"

설날은 아이들이 희망에 부푸는 날이다. 아이들은 소득증대를 꿈꾸며 열심히 세배하고 세뱃돈을 받으며 이 큰돈으로 무엇을 할까 생각하는데 어머니는 이렇게 말한다.

"나에게 맡겨라. 나중에 이자 붙여줄게."

그러나 이자는커녕 본전을 상환하는 어머니를 찾아보기 힘들다. 맡긴 돈 달라고 하면 오히려 오리발을 내밀며 "내가 너희들을 위해 쓴 돈이 얼마인데…." 하며 윽박지른다. 이쯤 되면 저축은행보다 더 부실하고 무서운 은행이 엄마은행이다. 이런 식으로 각인되기 시작하면 아무리 부모 자식 사이라 해도 보이지 않는 불신과 갈등으로 문제점이 생겨난다.

〈세계일보〉에 매일 칼럼을 연재할 때다. 진도인지 완도인지 섬에서 올라와 신문사의 잡무를 도우며 사무실 한 켠에서 대학시험을 준비하며 먹고 자는 여학생이 있었다. 부모 곁을 떠나 자립훈련을 하는구나 하고 생각하니 기특한 생각이 들었는데, 어느 날 담당 부장인 권오문 씨가 말한다.

"저 애가 성대에 합격했습니다. 저 아이가 대학에 합격하면 등록금을 내주겠다고 하셨지요?"

아무리 생각해도 내가 그런 말을 했다는 기억이 없다. 내가 누구 입학금을 대줄 형편이 되는 것도 아니고, 그 학생의 이름도 모를 정도이니 친분이 있는 것도 아니다. 그러나 권 부장이 헛소리를 할 사람이 아니라는 것을 알기 때문에 이리저리 뛰어다니며 가까스로 입학금을 장만해 전달했다. 남들은 바보짓이라고 했지만 지금 돌이켜봐도 잘한 일이라는 생각이 든다.

하루는 요리연구가 하숙정 씨가 삼일빌딩 지하에 분식집을 낸다며 이름을 부탁하길래 '약속' 으로 지어주었다. 그때만 해도 12시에 약속하고도 1~2시에 나타나는 것은 보통이어서 코리안타임이라고 손가락질을 당할 때였다. 그후 약속이 성공하자 1년 안에 '약속' 이라는 이름의 다방이 700여 개가 생겼다.

우리는 하루에도 많은 약속을 하며 살아간다. 자신의 말과 행동에 책임지는 자세가 중요하다. 5분 늦는 것을 대수롭지 않게 생각하고 화장실 들어갈 때와 나갈 때가 다르다고 처음 한 말과 나중한 말이 맞지 않는데도 부끄러워할 줄 모른다면 살아도 사는 게 아니다.

TV를 끄고 책을 펴자

> TV를 끄면 하루에 좋은 책 1권씩을 읽을 수 있다.
> 1년이면 365명의 스승을 만나는 것이다.

우리나라는 일본에 축구를 지면 치욕 중의 치욕으로 여기고 감독과 선수들을 역적 취급을 한다. 그러나 정작 국민들의 의식수준은 일본사람들에 비해 한참 부족하지만 부끄러워할 줄을 모른다.

'0 : 18'

이 스코어는 우리나라와 일본의 노벨상 수상 숫자다(노벨평화상은 제외). 이 점수가 축구경기의 결과였다면 땅을 치고 분해하는 사람들이 얼마나 많을까.

사고의 힘은 독서로부터 나온다. 일본 사람들은 우리나라 사람들과 비교할 수 없을 정도의 독서량을 자랑한다. 서점에서 책을 사기가 마트에서 음료수 사는 것만큼이나 간편하고 종류도 많다. 어딜 가나 책을 들고 다니는 게 습관이라 휴대가 간편한 문고판 책들이 발달했다. 게임하랴 드라마 보랴 아이부터 어른까지 스마트폰을 손에서 놓을 줄 모르는 우리와 대조되는 모습이다. 일본이 많은 노벨상 수상자를 배출한 저변은 전국민적인 독서문화에 있다.

중학교 1학년 때 6·25 동란으로 피난 갈 때도 나는 가방에 가득 책만 짊어지고 내려갔다. 다른 가족은 생활필수품을 가지고 내려갔지만 나는 책만 읽으며 가는 바람에 눈총을 받았는데, 아버지는 나만 예외로 인정해 주었다. 어려서부터 나는 밥을 먹으면서도 책을 읽었고 학교도 책을 읽으면서 등교했다. 책은 나에게는 진통제요 행복촉진제였기 때문이다. 나는 지금도 매년 500권의 책을 읽는데, 책 읽는 기쁨은 미지의 세계를 탐험하는 기쁨보다 더 큰 기쁨이다. 그것이 독서삼매경이다.

학교공부보다 책읽기를 강화시켜야 한다는 것이 나의 지론이다. 학교공부는 지식이지만 책읽기는 지혜를 만들어주기 때문이다. 미국 역대 대통령 중에 가장 존경받는 대통령은 에이브러험 링컨이다. 그는 가난으로 학교공부를 못했지만 독서를 통해 지혜의 달인이 되었다. 학교나 학원에서 얻을 수 없는 값진 것들을 무궁무진한 책 속 세상에서 배우게 되어 독서훈련만 충분히 한다면 누구나 큰 그릇으로 성장할 수 있다.

　독서를 방해하는 가장 큰 요물은 TV다. 하루 평균 5시간을 시청하는데, 이 시간이면 단행본 1~2권을 읽을 수 있는 시간이다. 책을 읽는 순간은 시간이 창조되지만, TV에 매달리는 시간은 낭비되는 시간이다.

매일 행복일기를 써라!
그것이 곧 나의 역사다

다이돌핀은 암도 제어하는 기적의 호르몬이다.

매일매일 감동하고 기뻐하고 기록하라.

나는 하루도 거르지 않고 50여 년 동안 일기를 써왔다. 아무리 늦게 집에 들어와도 일기 쓰기 작업은 쉬지 않는다. 일기 쓰기는 내 마음을 갈고 닦는 숫돌과 같기 때문이다. 대부분의 사람들이 그날 있었던 일을 나열식으로 쓰거나 괴롭고 힘든 일만 골라서 일기를 쓰지만, 나는 고맙고 기쁘고 행복한 일들만 찾아서 쓴다. 하루 종일 좋은 일만 있는 것도 아니고 궂은일만 있는 것도 아니어서 어느 쪽을 선택하느냐처럼 중요한 것도 없다. 반찬은 골라먹으면서도 마음을 골라먹는다는 것은 상상도 못 한다.

'토속촌'은 소문난 맛집이어서 점심을 먹으려고 오전 11시부터 줄을 선다. 이곳 정명호 사장은 30년 넘은 지기여서 한번은 큰아들

주례를 서달라고 해서 들어주었고, 그후 작은아들 결혼식은 노무현 변호사가 해주었다. 노 변호사가 대통령에 출마했을 때 정명호 사장은 감기가 들어 별별 약을 써도 낫지를 않았는데, TV에서 '노무현 후보 대통령 당선' 소리가 나자 목이 터지라고 만세를 부르는 순간 6개월간 괴롭혔던 감기가 순간에 없어졌다. 기분 좋을 때 엔도르핀이 생기는데 감동할 때는 엔도르핀의 4,000배가 되는 다이돌핀이 생겨난다. 다이돌핀은 암도 제어하는 기적의 호르몬이다.

최근 나의 화두는 인생의 감동적인 순간들을 찾아내 수첩에 적는 것이다. 1,500톤의 바위를 깨면 1캐럿의 다이아몬드가 나오듯 지나간 어둠 속에서도 감동의 순간들이 종종 얼굴을 내민다. 호진 시인은 나와 인연이 되어 집필을 도운 지 어언 5년이 되는데, 올해부터는 '감동 기록하기'를 해보자고 했더니 자기는 감동을 느낀 적이 별로 없다는 것이다.

"지난 일 중에 작은 감동이라도 하루에 5개씩 찾아서 써라."

처음에는 하나도 없다는 사람이 석 달 열흘이 지나는 동안 500개도 더 썼는데, 이제는 감동을 적은 노트가 인생의 가장 큰 보물이라고 한다. 날마다 감동을 되새기다 보니 하루하루 감동할 일이 계속 새롭게 생겨난다. 매일 행복과 감동을 적다 보면 어려움 속에서도 한 줄기 빛이 쏟아진다.

섬김을 배운 의사

질병으로 고통받는 아프리카 원주민들을 위해 전생애를 바쳐 '밀림의 성자'라 불리는 알베르트 슈바이처는 "오직 섬기는 법을 터득한 사람만이 진정한 행복을 누릴 수 있다."고 말했다. 그의 일기장에는 아프리카로 운명의 지침이 움직였던 그날, 고요하며 영감으로 가득 찬 아침이 기록되어 있다.

1898년의 어느 청명한 여름날 아침, 나는 귄스바흐에서 눈을 떴다. 그날은 성령강림절이었다. 이때 문득 이러한 행복을 당연한 것으로 받아들일 것이 아니라, 여기에 대해 나도 무엇인가 베풀어야만 되겠다는 생각이 들었다. 내가 이러한 생각과 씨름을 하는 동안 바깥에서는 새들이 지저귀고 있었는데, 나는 자리에서 일어나기 전에 조용히 생각해 본 끝에 서른 살까지는 학문과 예술을 위해 살고, 그 이후부터 는 인류에 직접 봉사하기로 마음을 정했다.

촉망받는 신학자였던 슈바이처는 30세에 의학공부를 시작해 의사 면허를 취득하고, 38세 되던 해에 의료선교사가 되어 아프리카행 배 에 올랐다. 봉사를 결심한 지 15년 만이었다.

성수역 근처 라성치과 원장 김상환 씨는 서울대 치대를 나오고 열 심히 일해서 이름도 나고 대인관계가 좋아 치열한 경쟁에서도 선두 그룹에 속했지만 치과의사라는 직업에 의문을 갖게 되었다.

'수입도 중요하지만 언제까지나 남의 입속만 들여다보다 인생을 마감할 것인가. 앞으로 우리 아들이 자라면 나는 아버지로서 인생에 대해 어떤 조언을 들려줄 수 있을까?'

그는 장차 학교를 설립해 아이들을 올바르게 가르치고 싶다는 꿈 을 가지고 있었다. 여러 가지로 고민하다가 치과생활 10년째, 잘나 가던 병원 문을 닫고 푸르덴셜 생명보험의 설계사가 되었다.

의사 시절에는 자신도 모르게 환자들 앞에서 권위적으로 군림하 려 했는데, 보험영업을 하면서 배운 것은 사람을 섬기는 자세였다. 사람을 위해 일한다는 것은 같아도 내가 어떤 태도로 대하느냐에 따 라 상대의 반응도 달라진다는 것을 알았다. 아픔과 고통 속에 찡그

성실의 날

리는 환자만 보다가 "덕분에 고맙고 든든하다"며 웃는 고객 덕분에 신이 나 더욱 열심히 뛰다 보니 실적도 의사 시절 수익에 못지않은 상위권에 오르게 되었다. 그러나 세상에는 잘했다고 박수를 쳐주는 사람보다는 바보짓한다고 비웃는 사람들이 대부분이었고, 자신의 얘기가 신문에 나자 배부른 흥정한다는 악플이 300개나 달렸다. 하지만 그는 열심히 고객을 섬기며 새로운 세계를 맛보았다.

보험설계사 3년 만에 다시 병원으로 돌아온 김상환 씨가 환자들을 대하는 마음은 예전과는 전혀 달랐다. 인체의 영양섭취를 위해 가장 필요한 기관이 바로 치아라는 것을 생각해 보면 치과의사는 생명을 살리는 소중한 직업이라는 자부심을 느낀다. 그러면서도 보험을 하면서 배운 섬김의 자세를 잊지 않아 환자들의 이야기에 귀를 기울이고 치료과정을 차근차근 설명해 주기 때문에 환자들은 병원에 올 때 가졌던 공포심과 두려움도 잊는다. 그의 이러한 경영마인드는 병원 전체의 분위기를 바꾸어 동료 의사들과 직원들 역시 따뜻하고 친근하게 환자들을 대한다. 예술과 봉사에도 관심이 많은 김 원장은 의료봉사를 하면서 만난 의수화가 석창우 화백과 꽃의 작가 안다빈 화백의 그림을 병원 곳곳에 전시해 두어 오가는 환자들에게 활력을 불어넣고 있다.

최근 틈틈이 쓴 시를 모아 시집도 냈는데 남다른 경험을 통해 얻은 지혜와 깨달음이 곳곳에서 빛난다.

　죽을 때까지 배우는 게 사람이라고 하지만, 대부분의 사람들은 자신이 성인이 될 때까지 경험했던 조그마한 세상의 울타리를 넘지 못한 채 그 안에서 살다 간다. 하지만 우물 안 개구리에게 안정된 삶은 있을지 몰라도 소통을 통해 느끼는 감동과 기쁨은 없다. 김상환 씨는 과감히 울타리 밖으로 나와 제2의 인생을 출발했다. 이제 그에게 환자는 환자가 아니라 부모님과 형제자매들이다.

모기와 하루살이가 온종일 놀다가 밤이 되자 모기
가 말했다.
"이제 늦었으니 내일 놀자."
하루살이는 고개를 갸웃거리며 말했다.
"내일이 뭐야?"
내일을 경험해 보지 않은 하루살이가 내일이 뭔지
알 리가 없다. 오늘 비록 힘들어도 이겨내고 내일
을 맞이할 준비를 하는 사람은 희망이 있고 꿈이
있다. 해가 지고 뜬다고 해서 모두에게 내일은 아
니다. 걷는 자만이 앞으로 가서 내일을 맞이할 수
있다.

노력의 날

문제집 뒤에는 언제나 해답집이 붙어 있다

"죽느냐 사느냐 그것이 문제로다."

문제 하면 떠오르는 셰익스피어의 희곡 〈햄릿〉의 유명한 대사다.

삶이란 문제의 연속이어서 하나의 문제를 풀고 나면 또 다른 문제가 나타난다. 높은 산을 넘고 나면 더 높은 산이 앞을 가로막고 있는 것과 다름이 없다. 그래서 인생을 산 넘어 산이라고 하는 것이다. 문제를 풀지 못해 약물에 의존하거나 죽음을 택하는 사람도 있다. 그러나 그 어느 쪽도 잘못된 선택일 뿐 해답은 아니다.

많은 사람들이 방송의 퀴즈 프로에 열광한다. 퀴즈 풀기는 문제

뒤에 있는 해답을 찾는 훈련이다. 나는 병 때문에 학교에 출석한 날보다 결석하는 날이 더 많았지만, 시험성적은 그래도 우수했다. 집에서 문제집을 가지고 공부를 했는데, 아무리 어려운 문제라도 문제집 뒤에는 해답집이 있었기 때문이다.

2차 대전 때 사막의 여우 롬멜 장군은 사막에 진지를 만들 때 적진 깊숙이 들어가 자기 진지를 바라본다. 이때 쉽게 노출되거나 허점이 보이면 되돌와아 진지를 파괴하고 다른 곳으로 옮겨 다시 만드는 것으로 유명했다.

문제가 있음은 살아 있다는 증거이므로 고맙게 생각해야 한다. 어떤 문제든 해답 없는 것은 없다. 지혜를 가진 사람은 문제에 골머리를 앓기 전에 그 뒤에 있는 해답을 먼저 본다. 좁쌀만한 마음을 쟁반만하게 키우면 새로운 세상이 보인다. 어느 집이나 창틀이 없는 집이 없다. 그런데 이 창틀도 끊임없이 진화하여 300~400개의 특허가 나 있다. 보이지 않지만 개선하고 또 개선한 결과다.

사람이 사는 데 가장 힘든 것은 인간관계다. 사람은 겉만 보고 알 수 없지만 그렇다고 속을 들여다볼 수 있는 것도 아니기 때문이다. 직장이나 가정에서 실패하는 것도 결국 사람관계를 제대로 못 했기 때문이다.

특히 우리나라에서 결혼한 부부의 이혼율이 수직상승하여 세계 1위로 진입한 것도 문제만 보고 해답은 보지 못하기 때문에 생겨난 현상이다. 상대방을 고치려고 해서는 불난 데 부채질하는 격이 된다. '쇠뿔 빼려다 소 잡는다.'는 속담도 있다. 가장 손쉬운 방법은 상대방에 맞게 나를 고치면 되는데 대부분 그 반대의 방법을 택해 헛고생을 하는 것이다.

나는 성당에 가서 '내 탓이오'라고 쓴 스티커를 얻어다 책상 앞에 붙여놓았다. '잘한 것은 네 덕이요 잘못은 내 탓이다.'라고 하며 살다 보니 고민하고 갈등하느라 소중한 시간과 에너지를 낭비하지 않아도 된다. 인간은 신이 아니어서 실수도 실패도 있게 마련이다. 그러나 같은 상황에서도 상대방에게서 원인을 찾아 고치려 들면 부작용이 생기지만 나를 고치는 데는 부작용이 없다.

복이 들어오는 집은 뭔가 다르다

노력의 날

30년간 부동산 중개업을 하는 가상家相 전문가의 얘기를 들어보면 정리정돈이 가운을 좌우한다고 한다. 흥정이 다 되어 계약서만 쓰면 될 집도 정돈이 안 되고 어수선하면 그 자리에서 고려해 보겠다며 돌아선다는 것이다. 사람은 인상人相이 중요하고 집은 가상이 중요하다. 30년 된 아파트를 급매로 내놓아도 1년 넘게 안 나갔는데, 100만 원을 투자하여 집안 분위기를 바꿔놓았더니 열흘도 안 돼 정상가로 매매되었다. 100만 원을 들여 수선을 한 것은 다음과 같다.

- 오래된 조명과 스위치 박스를 신형으로 교체
- 아파트 입구에 놓인 낡은 신발장에 나무 질감의 시트지를 붙여 새것처럼 만듦

- 곰팡이가 난 벽지 부분 교체
- 현관문 손잡이를 신형으로 교체
- 싱크대와 세면대 욕조의 수도꼭지를 신형으로 교체
- 때가 찌든 욕조 싱크대와 변기를 특수 세제로 닦음
- 꽃 그림 작품을 대여하여 현관에 설치
- 잔잔한 음악으로 주위 소음 차단
- 청소 전문업체에 부탁하여 완벽하게 청소
- 10년 전에 달아놓은 낡은 커튼을 밝은색 커튼으로 교체
- 신지 않는 신발은 신발장 안에 넣기

이렇게 하여 깨끗한 집의 이미지를 만들었다. 남자들이 군대에 다녀오면 정리정돈을 잘한다. 입대하여 제대할 때까지 내무반 청소와 정리정돈을 한 덕분이다. 입대 전에는 내의나 양말도 아무 데나 팽개쳤던 사람이 제대한 다음에는 세탁물 통에 넣고 싱크대에 있는 식기도 스스로 설겆이를 한다. 그래서 여자들도 군필자를 선호한다.

요즘 결혼하는 여성들이 받는 선물 중에 현문미디어의 〈이상헌의 시집가는 딸에게〉와 나무발전소에서 나온 〈정리 플래너〉가 많다고들 한다. 모두 행복하게 사는 덕목이기 때문이다.

이상헌의 행운을 부르는 풍수 인테리어 50

집은 휴식과 사랑의 공간으로 길흉화복에 큰 영향을 미친다. 특히 가구가 기(氣)의 흐름과 관계가 깊어 어느 위치에 가구를 놓느냐가 중요하다. 미국, 소련의 대통령 관저도 풍수 인테리어를 한다. 어떤 기가 배어 있는가에 따라 흉가도 되고 축복의 집도 되는 것이다.

01. 현관에 정면으로 마주 보이는 거울은 치워라. 들어오는 행운을 반사시킨다.

02. 현관은 기가 들어 있는 그림과 장식품으로 꾸며라. 그래야 운을 끌어들인다.

03. 남편이 집에 없어도 신발을 현관에 놔둬라. 사기(邪氣)가 범접 못 한다.

04. 신발은 밖을 향해 가지런히 정돈하라. 모든 복은 현관을 통해 출입한다.

05. 나갈 때, 들어올 때 집을 향해 축복하라. 축복이 가득하면 기적이 일어난다.

06. 행운을 부르려면 꽃 그림, 배 그림이 좋다. 값의 고하가 문제가 아니다.

07. 좋은 기가 나오는 서예나 그림을 소장하라. 좋은 글, 좋은 그림이 좋은 운을 만들어준다.

08. 집안에 물건을 들여올 때는 반드시 성별(聖別)하라. 그래야 잡귀가 발붙이지 못한다.

09. 흉악한 말을 자주 하면 흉사가 생겨난다. 순화된 말로 복을 불러들여라.

10. 불화가 많으면 좋은 집도 흉가가 된다. 싸우려면 밖에 나가 싸워라.

11. 가족사진은 좋은 운을 선사한다. 현관에서 보이는 곳에 걸어라.

12. 수시로 환기(換氣)를 시켜라. 나쁜 기가 빠져나가야 좋은 기가 들어온다.

13. 식칼을 아무렇게나 놓으면 사고가 나거나 돈이 나간다. 수납 칼꽂이를 마련하라.

14. 식탁의 조명기구는 복잡한 것을 피하라. 병에 걸리기 쉽다.

15. 식탁 위를 밝힐 때는 은은한 분위기를 연출하라. 고급스러운 조명기구가 좋다.

16. 식사할 때 감사기도를 꼭 하라. 좋은 말, 좋은 기도가 복신(福神)을 상주시킨다.

17. 식탁 위에 약병을 놓지 말라. 편리할 수는 있어도 언제나 병을 싸고 돈다.

18. 부엌에 씻지 않은 그릇을 쌓아두지 말라. 이런 집은 아귀(餓鬼)가 몰려든다.

19. 음식 쓰레기를 집 안에 두지 말라. 하루만 지나도 흉사가 생겨난다.

20. 절전한다고 부엌을 어둡게 하지 말라. 좋지 않은 운세가 만들어진다.

21. 재물을 모으려면 동남향에 붉은 소품을 두어라. 붉은색은 재운의 색이다.

22. 벽지가 바래거나 훼손되면 좋은 기가 새어나간다. 새 옷보다 새 벽지가 시급하다.

23. 도배사를 기쁘게 해주어라. 기분 좋게 일하면 좋은 기가 배어든다.

24. 단색의 소파는 부분 포인트를 하라. 화려한 쿠션도 좋은 선택이다.

25. 정기적으로 대청소하라. 보이지 않는 곳에 먼지가 쌓여 음기가 발생한다.

26. 거실에 향기가 좋은 꽃이나 꽃 그림을 두어라. 애정운이 상승한다.

27. 좋은 기를 넣어 만든 가훈을 걸어두어라. 대대손손 번영한다.

28. 사람 키보다 큰 식물은 치워라. 자신이 주인으로 착각한다.

29. 드라이플라워는 꽃의 미라다. 생명이 없어지면 나쁜 기운을 내뿜는다.

30. 노란색은 금전운을 상승시킨다. 인테리어에 사용하라.

31. 모든 물건에는 방향과 위치가 따로 있다. 위치와 방향을 맞춰라.

32. 음습한 집은 잡귀의 서식처다. 창을 열어 양기(陽氣)를 끌어들여라.

33. 침실이 너무 밝으면 재물이 안 모인다. 조명과 커튼으로 조절하라.

34. 백색 형광등은 잡신들이 좋아한다. 3파장 램프 LED로 교체하라.

35. 석류를 침실에 두면 임신한다. 석류 그림이나 오렌지색의 꽃도 좋다.

36. 수맥은 건강과 운세에 치명적 영향을 미친다. 수맥을 차단시켜라.

37. 느낌이 안 좋은 물건은 문제가 있다. 소장하지 말라.

38. 자기 전에 좋은 글을 한 줄이라도 읽어라. 자면서 에너지가 상승한다.

39. 시계가 멈추거나 전구가 끊어지면 불운이 생긴다. 빨리 교체하라.

40. 학생 방의 책상은 방문을 등지지 않게 하라. 편협한 인격이 형성된다.

41. 2년 이상 안 입은 옷은 아까워하지 말고 버려라. 옷에도 기가 있다.

42. 화장실 방향으로 머리를 두고 자지 말라. 사랑이 식는다.

43. 화장실이 습하면 잡귀가 들끓는다. 사용 후 건조시켜라.

44. 욕실을 고급화하라. 욕실 수준이 가운의 흥망을 좌우한다.

45. 잡동사니는 잡귀의 노리개다. 빨리 치워라.

46. 청소도구를 화장실 구석에 방치 말라. 자녀에게 해가 생긴다.

47. 청소와 정리정돈은 행운의 기본이다. 환경 정리에 힘써라.

48. 집에 냄새가 배면 걸신(乞神)이 몰려온다. 탈취제와 방향제를 사용하라.

49. TV를 보다 잠들면 잡귀들이 장난친다. 기도의 시간을 반드시 가져라.

50. 아침저녁 조상에게 문안하라. 하늘의 협조가 틀림없이 따른다.

노력의 날

내일은 준비한 사람의 몫이다

숙제는 내일을 위한 준비여서 학교에 가면 숙제 해왔나 아닌가를 검사한다. 사회에 나와서도 학교 때 숙제 잘한 아이와 그 반대의 아이는 성취도가 다르다. 학업성적이 우수하고 아니고는 크게 문제가 되지 않는다. 숙제는 준비하는 습관을 길들이는 워밍업이다. 그것도 모르고 새벽부터 친구 노트를 빌려 그대로 베껴 제출하는 한심한 친구가 있다.

군대도 준비에서 시작하여 준비로 끝난다. 아침에는 "점호준비 끝"을 외치고 저녁에는 "취침준비 끝"을 외친다. 6·25 동란은 방심하고 있다가 고스란히 당한 치욕의 역사다. 북한에서는 탱크까지 밀고 내려오는데 우리는 아무것도 없어 맨주먹으로 대응해야 했다.

　김만술 소위는 남하하는 탱크를 저지하기 위해 수류탄을 들고 탱크 밑으로 들어가 장렬하게 산화했다. 만류하는 동료들에게 김만술 소위는 마지막으로 말을 했다.

"내 나라 내가 지켜야지. 누가 지켜주겠나? 뒷일을 부탁하네."

　어쩌다가 지켰거나 운좋게 지킨 것이 아니라 목숨 걸고 지킨 우리나라다. 조국의 미래를 위해 자기 목숨을 희생한 순국선열의 애국심이 있어 오늘의 부강한 우리나라가 있는 것이다. 만약 그들이 앞날을 위한 희생의 마음이 아니라 당장 눈앞의 위기만 모면하려 했다면 지금의 대한민국은 존재하지 않았을 것이다.

　모기와 하루살이가 온종일 놀다가 밤이 되자 모기가 말했다.
"이제 늦었으니 내일 놀자."
하루살이는 고개를 갸웃거리며 말했다.
"내일이 뭐야?"

　내일을 경험해 보지 못한 하루살이가 내일이 뭔지 알 리가 없다. 오늘 비록 힘들어도 이겨내고 내일을 맞이할 준비를 하는 사람은 희망이 있고 꿈이 있다. 해가 지고 뜬다고 해서 모두에게 내일은 아니다. 걷는 자만이 앞으로 가서 내일을 맞이할 수 있다. 내일은 준비된

노력의 날

사람의 몫이다. 아무런 의미 없이 다람쥐 쳇바퀴 돌 듯 사는 것은 사는 게 아니다.

아는 것이 힘이고 배워야 산다. 날마다 깨닫고 그 깨달음을 실천하며 살자. 그렇게 사는 것이 복을 짓고 사는 사람다운 삶이자 내일이 보장된 삶이다.

상처 입은 조개만이 진주를 품는다

보석은 갈고 닦을수록 빛이 나듯
사람도 갈고 닦아야 빛나는 인생이 된다.

폴 뉴먼 주연의 〈상처뿐인 영광〉이란 영화가 있었다. 챔피언인 그는 시합할 때마다 상처가 생겨 반창고를 붙이고 돌아왔다. 시합을 하다 보면 승자나 패자나 상처를 입게 마련이다. 그러나 몸의 상처는 시간이 흐르면 저절로 없어지지만, 마음의 상처는 생각처럼 쉽게 없어지지 않는다. 부부싸움을 할 때 아내는 분을 참지 못하고 이렇게 말한다.

"당신 30년 전 처음 만났을 때도 이렇게 했지?"

30년이 지나도록 그 괴로운 마음을 간직한 채 살다 보면 없던 병도 생겨난다. 쓰레기는 분리수거할 줄 알면서도 마음속의 쓰레기를 고이 간직하는 것처럼 불합리한 것도 없다. 궤짝 속의 썩은 사과 한 알을 얼른 골라내 버리지 않고 그대로 두면 다른 사과도 똑같이 썩어버리는 것과 같다.

내가 후라이보이 곽규석 씨와 MBC 라디오 정오 음악 프로그램을 할 때 '말의 놀라운 힘'에 대하여 얘기를 했더니, 곽규석 씨는 고개를 끄덕이며 말을 했다.

"맞습니다. 말에는 세금이 안 붙지만 그래도 조심해야 합니다. 김승호 선배님 아시지요?"

"그럼요."

"이분은 상당한 수입이 있었는데도 커피 한잔 얻어먹은 사람이 없습니다. 노후를 위해 모두 저축하여 빌딩을 산 거지요. 그때만 해도 영화계에서는 처음 있는 경사였습니다. 그런데 어느 날 처남이 인감을 빌려달라고 해서 주었더니 그 빌딩을 팔아넘겼습니다."

"충격이 컸겠네요."

"이때부터 입만 벌리면 '속상해서 죽겠다'고 했는데, 어느 날 쓰러져 병원에 실려가 수술해 보니 속이 다 상해 있더래요. 말대로 된 거지요."

김승호 선생은 우리나라 영화사에 남은 거목 중에 한 사람이다.

상처를 치유하지 못해 죽는 경우도 있지만 아픔을 치유하여 더 큰 세상으로 진입한 사람도 있다. '대도大盜'로 널리 알려진 조세형 씨는 50년을 교도소에 들락거리며 살아왔는데, 그가 살아온 세월을 보면 드라마 이상으로 파란만장하다.

고아로 태어나 어려서부터 거리의 아이로 떠돌았고, 시설에 수용되어 학대를 받으며 사회에 대한 적개심을 키웠다. 좀도둑으로 시작해 '별'은 계속 늘어났고, 1970년대 말부터 1980년대 초까지 부유층과 고위층을 상대로 절도 행각을 벌이다 1982년 체포되어 15년간 수감된 뒤 대도라는 별명을 얻었다. 거듭된 탈주, 절도죄로 대한민국 역사상 유례없는 판결인 징역 15년에 보호감호 10년을 선고받아 무려 50년 동안이나 수감생활을 했다. 하지만 감옥에서 빅토르 위고의 〈레 미제라블〉 등 많은 책을 읽고 감동과 감화를 경험했다.

사회에서는 교도소 출신을 정상의 눈으로 보지 않지만, 출감한 그를 제일 먼저 따뜻하게 맞아준 사람은 자기를 체포했던 명수사관 최중락 씨였다. 최씨의 추천으로 그는 한 보안경비업체의 자문위원으로 활동하게 되었고, 대학에서 범죄 관련 특강을 하기도 했다. 2000년에는 16살 연하의 여성과 결혼을 하는 등 새로운 인생을 시작했지만 느닷없이 일본에서 좀도둑의 오명을 쓰고 체포되는 수난을 겪기도 했다. 그러나 사랑의 실천만이 세상을 바꾸고 자신의 인생도 바꾸는 길이라고 생각하고, 출소 후부터 줄곧 몸 담아온 신앙생활에 더욱 몰두했다. 이제 그는 목사가 되어 그와 같은 교도소 출신의 신앙인들을 위한 목회를 하고 있다.

일 년 전 억울한 누명을 쓰고 경찰, 검찰조사 후 법정에서 무죄판결을 받은 사건이 있어 큰 충격을 받았지만, 이번 기회야말로 자신의 지난 삶을 돌아보고 사람들에게 진짜 조세형은 어떤 사람인지 알려야겠다는 생각이 들어 자서전을 집필하게 되었다. 오랜 수감생활 중에 독서와 글쓰기를 계속해 그의 필력은 이미 판검사들 사이에서도 정평이 나 있을 정도다.

누구나 태어날 때부터 성인은 없다. 고통과 아픔 속에서 깨우침을 얻은 자만이 인생의 가치를 알고 살아간다. 긴 세월 얻은 상처가 원망과 증오에서도 진주와도 같은 소중한 깨달음을 주었음을 자각한 조세형 씨는 이미 위대한 성자가 된 것이다.

칭찬은 사랑의 묘약이다

어머니는 자식을 위해 평생을 희생하는 분이다. 그러나 자식이 속을 썩이면 속이 상해 이런 말을 한다.

"내가 너 밥을 굶겼냐, 용돈을 안 줬냐, 어쩌면 이럴 수가 있냐?"

그러나 물질적인 환경보다 정신적인 환경이 더 중요하다. 칭찬을 받으며 자란 사람은 어떤 문제가 생겨도 자신감을 갖고 대처한다. 하지만 야단맞으며 자란 사람은 소심하여 가진 능력의 십분의 일도 발휘하지 못한다.

M박사는 명망과 실력을 인정받는 유명인사이지만, 50대 중반이

넘도록 결혼을 못 했다. 어려서 어머니로부터 들은 말이 아들의 운명을 옭아맨 것이다.

"너희 집 남자들은 여자 앞에서는 말은커녕 사내 구실도 제대로 못 해. 그게 집안 내력인데 요즘 여자 같으면 벌써 헤어졌지."

어머니는 속이 상해 별 생각 없이 한 얘기일 수도 있지만 수시로 반복해 듣다 보면 완벽하게 세뇌된다. M박사는 직장에서는 일 잘하고 말도 잘해서 중요한 일을 도맡아 하는 인재이다. 그러나 좋은 혼처가 나타나 맞선만 나갔다 하면 그날로 딱지를 맞았다. 평소에는 그렇게 당당하던 사람이 여자 앞에서는 바보 온달처럼 처신했던 것이다.

자녀와 오랜 시간을 보내는 사람은 어머니여서 남편한테 섭섭한 것을 자식에게 이야기하는 경우가 종종 있다. 어머니 본인은 스트레스가 해소될지 모르지만 계속 듣다 보면 딸의 경우 아버지뿐 아니라 남자에 대해서 부정적인 시각을 갖게 돼 결혼에 적신호가 된다.

핸리 고더드 박사는 '앨고 그래프'라는 피로 측정기를 사용하여 실험을 했는데, 피로를 느끼는 학생들에게 칭찬을 들려주는 순간 육체적 에너지가 급상승하는 것을 발견했다. 칭찬과 격려의 말은 에너지를 확대시켜 약한 육체에 건강을 주고 마음에 평온과 자신감을 심

어준다. 반면에 부정적인 언어로 마음에 상처를 입으면 멀쩡하던 에
너지가 방전된다.

〈목소리에도 명품이 있다〉의 저자 정부용 씨의 말에 따르면 말소
리에도 온도가 있다.

말소리는 냉랭한 소리, 쌀쌀맞은 소리, 따뜻한 소리, 화끈한 소리
로 나눌 수 있는데, 말의 온도만 높여도 운명은 달라진다. 우리나라
에서 해외에 입양되어 성공한 자녀가 자기를 낳아준 부모를 찾아오
는 사례가 점점 늘고 있다. 자신을 버린 친부모에 대한 원망이 있을
만한데도, 키워준 부모가 칭찬과 격려의 말로 정성들여 양육했기 때
문에 아이의 심성도 바르게 자라난 것이다. 식물도 사랑을 받으면
잘 자라는데 사람이야 두말할 나위가 없다.

메모의 달인이 되자

일본의 민항기인 JAL이 추락한 적이 있었는데, 모두들 비명을 지르는 와중에도 그 상황을 소상히 메모한 사람이 있어 화제가 된 일이 있었다. 몇 자가 안 되는 메모일망정 사고의 원인을 규명하는 데 중요한 자료로 쓰였다.

기업체 강의를 할 때는 대개 렌터카를 이용하는데, 강사 전문 수송 렌터카 회사가 따로 있어 교수들과 기사들은 한 가족처럼 가까워진다. 나는 언제나 조수석에 타는데 의자에 앉은 다음에는 펜과 메모지를 꺼낸다. 신문에 매일 연재를 하다 보면 자료가 생명인데 그들과의 대화 중에 소중한 자료가 많이 나온다. 기사는 많은 사람을 대하는 직업이다 보니 대화의 소재 역시 무궁무진하다.

"많은 교수님을 모시지만 메모하는 분은 안병욱 박사와 선생님이 유일합니다."

매일 몇 군데씩 이동하면서 강의를 하려면 너나없이 피곤해 뒷자리에 곯아떨어지게 마련이지만, 나는 발등에 떨어진 불을 끄기 위해 두 눈에 불을 켜고 자료를 찾고 있기 때문이다. 나는 글을 쓸 때 우리 주변의 보통 사람을 주인공으로 등장시킨다. 산삼 밭에 산삼이 난다고, 중요한 소재를 많이 알고 있는 기사가 따로 있다. 그들은 나에게 새로운 자료를 주려고 메모까지 했다가 전달한다. 이렇게 칼럼에 등장한 사람들의 숫자가 3,000명이 넘는다.

박희영 씨는 세관 공무원 출신으로 현재 개인사업을 운영하면서 서울대, 한양대 등 각 대학의 최고위자 과정만 7개를 섭렵하는 등 공무원으로 일할 때보다 더 바쁘고 활발한 삶을 살고 있다. 사실 그 정도 위치라면 교만해지기 쉬운데 항상 겸손하게 자신을 낮추며 모든 사람에게 배울 점을 찾으려 한다. 언제나 먼저 다가가서 친구가 되기 때문에 정재계, 문화계 인사 중에 모르는 이가 거의 없을 정도여서 대한민국 인맥의 달인이라 불린다. 누구든지 자기 사무실에 찾아오면 꼭 손에 뭔가 하나 들려 보내는데, 돈 꾸러 오는 사람에게도 선물을 챙겨줄 정도로 베푸는 것이 몸에 배어 있다.

특히 그는 메모광이라서 대화할 때는 항상 손에 메모지와 볼펜이 들려 있어 쉬지 않고 메모한다. 상대방이 누구이든 그의 말을 들으면서 계속 메모를 하기 때문에 '나를 신뢰하고 존중하고 있구나.'라는 인상을 주어 어깨를 으쓱하게 한다. 식사 중에도 메모를 쉬지 않아 때로는 테이블 위에 놓인 시트지 위에 메모 흔적이 빽빽하다. 하루 일과가 끝나면 바로 퇴근하지 않고 반드시 사무실에서 그날 적은 메모들을 정리해 컴퓨터에 입력시켜 두는데, 어떤 날은 새벽 두 시까지 작업을 하다 들어가기도 한다. 이렇게 하다 보니 본인 스스로가 아이디어맨으로 거듭나고 사회생활에 필요한 지혜와 이슈가 넘친다.

아이디어는 공기처럼 언제 어디에나 존재하지만, 떠오른 순간에 바로 잡지 않으면 번개처럼 금방 사라져버린다. 황금 같은 아이디어를 얻고도 나중에 '뭐였더라?' 하고 뒤통수만 긁적이고 싶지 않다면 메모를 습관화 해야 한다.

친절은 최고의 서비스다

차 한잔을 마실 때도 사람들은 서비스가 좋은 집을 찾아간다. 사람에게 즐거움과 기쁨을 주는 데는 서비스가 최고다. 아이스크림을 살 때 한 스푼 더 떠서 혹을 붙여준다. 물론 서비스지만 그래도 기분이 좋다. 백화점 문을 여는 시간에는 소녀시대 같은 여직원들이 도열하여 들어오는 손님에게 90도 인사를 한다. 고객 환영의 서비스다. 물건이 맘에 안 들어 반품해도 웃으면서 처리해 주는데, 오히려 반품하는 사람이 미안해진다.

서울대입구역 근처의 일식집 '하나'는 작은 규모의 일식당이다. 가게는 자리가 중요한데 눈에 잘 띄지 않는 자리여서 오랫동안 비어 있었다. 그러나 '하나'가 입점하고 나서는 판도가 달라졌다. 점심 저녁으로 손님들이 많은 시간에는 밖에서 기다리거나 돌아가야 할 때도 있다. 외국인들 사이에서는 맛집으로 소문이 나서 영문판 맛집 가이드에도 소개되었고, 300만 명이 들락거리는 가수 서수남 블로그에도 맛집으로 크게 다뤄졌다.

쪽박을 찰 것 같은 자리에서 대박을 터뜨린 성공비결은 바로 친절이다. '하나'의 사장이며 셰프인 문희순 씨의 얼굴에는 미소가 떠나는 법이 없다. 하루 13시간 주방에 서서 일하면 저녁에는 힘들어서 지칠 만도 한데 그런 내색은커녕 늘 활기찬 모습으로 "어서 오세요, 감사합니다." 하며 손님을 맞이한다.

주방에서 함께 일하는 아주머니들과 홀서빙을 하는 아르바이트생도 주인의 친절바이러스에 전염되어 손님들이 식사 중에도 수시로 필요한 것이 없는지 계단을 오르내리며 체크를 한다. '하나'의 단골손님이던 대학생 K양은 방학 때 이곳에서 아르바이트를 했다. 친절을 몸에 배도록 훈련하고 싶어서 일하게 되었다고 한다.

뉴욕에서 10여 년간 일식당을 운영해 온 일본인 셰프에게 직접 전수받아 음식 맛이 좋은 데다 탁월한 서비스 정신까지 더해져 '하나'에는 단골이 많다. 주문이 밀려 오래 기다린 손님이나 단골이 중요한 손님을 데려온 날에는 사이드메뉴가 서비스로 나온다. 자주 오는 손님들의 취향을 기억해 맞춤한 음식을 내놓는 등 기대한 것 이상으로 베푸니까 모두가 좋아할 수밖에 없는 것이다. 요즘 외식산업들이 흔들리고 있는데, 이곳을 가보면 친절이 최고의 경영이구나 하는 생각이 든다.

조관일 교수는 친절서비스 전문 강사인데, 어느 날 강원도 부지사로 발령이 났다. 이례적인 일이었지만 그는 평소에 늘 하던 대로 섬김의 자세를 다하기로 했다. 공무원이라고 목에 힘 주고 있을 게 아니라 주민들이 원하는 것은 진정 무엇인지를 직접 다가가 들어야 한다고 생각한 그는 공직사회에 처음으로 섬김과 친절의 문화를 전파시키는 주인공이 되었다. 늘 머릿속에 그려둔 '눈부신 미래 강원도'의 청사진을 위해 뛰어다니는 그를 보면 '평창 동계 올림픽'이 결정된 것이 우연은 아니라는 생각이 든다. 친절은 비용이 들지 않으나 돈보다 더 큰 효력을 발휘한다. 친절을 베풀자. 친절은 남을 배려하는 마음에서 우러나와 인간관계의 전환점이 된다.

타고난 천재 vs 인내하는 천재

천재란 다른 것이 아니다. 지식 섭취 능력만
향상되면 누구나 천재가 된다.

하루 3시간, 일주일에 약 20시간씩 10년을 쏟아부으면 1만 시간이 된다. 어떤 분야에서 '달인' 이 되려면 1만 시간이 필요한 법이다. 머리를 싸매고 공부한다고 성적이 오르기는커녕 오히려 애꿎은 머리만 지끈거린다. 콩나물 버스나 전철은 밀고 들어가면 들어갈 수 있지만 사람의 머리는 그런 것이 아니다. 수업시간에 기분 좋게 듣고 노트 정리만 잘해도 원하는 대학에 들어가는 것은 어려움이 없다.

올해 한국 학생이 미국의 명문 하버드대학을 전교 수석으로, 그것도 1년 빠르게 졸업하여 세계의 이목을 집중시켰다. 그는 초등학교 때 혼자 미국에 가서 간섭받지 않고 스스로 자유롭게 공부를 했다고 한다.

확실히 이런 수재들은 나름대로 공부의 흐름을 터득한 사람들이다. 정보가 머릿속에 일목요연하게 정리되어 있다. 공부를 못 하는 아이들은 노트 필기가 제대로 되어 있지 않다. 똑같이 수업을 들었더라도 모범생의 노트를 보면 무슨 내용을 배웠는지 금방 알 수 있는 반면에 뒤에서 선두를 다투는 학생의 노트는 암호를 해독하는 정도의 노력을 기울여도 알 듯 말 듯하다. 자기가 써놓고도 무엇을 썼는지 모르는데 시험공부가 제대로 될 리가 없다. 다시 보기 위해 필기를 한 것이 아니라 그냥 생각 없이 받아 적었기 때문이다.

타고난 천재도 있지만 과정에서 문제를 인식하고 그 실패를 거듭하며 포기하지 않는 천재도 있다. 세계적인 경영의 대가 말콤 그랜드웰은 타고난 천재보다 인내하는 천재가 성공할 확률이 높다고 말한다. 비틀스도 영국에 있는 조그만 술집에서 노래를 시작했고, 2년 동안 독일 술집에서 같은 노래를 부르다 미국에 와서 유명해졌다. 비틀스조차도 짧은 시간에 성공한 것이 아니라 오랜 경험과 어려움을 겪은 후에 그런 유명세를 얻은 것이다.

고시생들의 방에 가보면 복사용지에 각 단원별로 핵심을 정리하여 세로로 이어붙여 놓은 것이 천장부터 바닥까지 길다. 목차에 따라 대주제부터 세부사항까지 논리의 흐름에 따라 정리하여 두꺼운 전공서 한 권을 한눈에 볼 수 있을 뿐 아니라 배운 내용에 체계가 잡혀 있어 기억도 오래 남는다.

우리 주변에서도 과정에서 문제를 인식하고 혁신을 거듭한 끝에 성공을 이룬 천재들을 만날 수 있다. 디자이너 출신 엄영룡 씨는 이러한 학습의 원리를 터득하여 전체가 한 장으로 연결된 새로운 구조의 '시나무공책'을 개발했다.

지도를 펼치면 한눈에 길을 찾을 수 있듯이 시나무공책에 필기한 내용 전체를 펼쳐놓고 보면 학습한 내용의 뿌리부터 가지까지 한눈에 들어와 빨리 논리를 파악할 수 있어 이해를 돕는다. 또한 이 공책으로 학습하는 과정에서 학생들이 자연스럽게 학습의 원리를 깨달아 보다 효과적인 자기만의 학습법을 개발하고 발전시키는 데 도움을 받았다. 이 공책을 사용하여 경찰공무원 시험에 합격한 사람을 만난 적이 있다. 5년 동안 같은 시험을 준비한 고시 장수생이었던 그는 번번이 실패했는데, 이 공책을 만나 그 해에 합격했다는 것이다.

뚜렷한 목표를 정하고 자신과 한 약속만 꾸준히 실행하다 보면 당신도 천재가 될 수 있다. 주변 정리정돈에 신경 쓰고 체계적인 입출력 시스템을 만들어라. 체계적인 입출력 시스템을 만드는 이유는 열정을 습관화하기 위한 가장 효율적인 방법이기 때문이다. 누구나 열정은 있다. 그러나 열정만으로는 성공할 수는 없는 법, 승패는 작은 차이에서 결정된다. 열정을 습관화하는 사람만이 정상에 오를 수 있는 법이다.

걷는 자만이 앞으로 간다

위기(危機)를 두려워 하지 말라.
위기는 위험 속에 기회가 있다는 뜻이다.

대학 진학보다 중요한 것은 직장을 갖는 일이다. 고등학교를 졸업하고 취업하여 직장에 다니다가 방송대학이나 사이버대학을 다니는 사람도 있다. 그러나 요새는 대학에 진학하느라고 집안 재산 다 탕진하고 대학을 졸업하고 나서도 취업이 안 돼 애물단지 신세인 사람이 300만 명이 넘는다. 알바라도 하면 좋으련만 처자식까지 끌고 들어와 부모 덕을 보려는 캥거루족도 점점 늘어나고 있다. 나와 대학 동기였던 한 친구는 할아버지가 소문난 한의사여서 대학 다닐 때도 하숙비와 용돈을 넉넉하게 대주어 하루하루 신나게 놀았다. 그후 졸업한 뒤에 취직도 하지 않고 할아버지 유산으로 베짱이처럼 지내다가 머리가 하얗게 된 다음 빈털털이가 되어 나를 찾아왔다.

"취직 좀 시켜주게."

"그동안 뭘 했나?"

"놀고 지내다 보니 이 나이가 되었어."

"뭔가는 할 줄 아는 일이 있어야 취직이 되지."

"취직시켜 주면 배우겠네."

당장 생계를 위해 일을 시작할 수는 있겠지만, 젊고 패기 있는 세대와 경쟁상대가 될 수가 없다.

허석 씨는 연극을 하다가 입에 풀칠하기가 힘들어 이름 없는 제약회사 영업사원으로 들어갔다. 하지만 아는 곳이 있는 것도 아니고 알려진 제품도 없어 번번이 퇴짜를 맞다가 나를 찾아왔다.

"생각 같아서는 잘될 것 같은데 힘드네요."

"처음에 힘든 것은 축복이야. 힘들어야 능력도 향상되고 공부도 열심히 하게 되지. 알단 한 군데만 열심히 개척해 봐. '두드려라, 그러면 열리리라.' 는 말도 있잖아?"

허석 씨는 영등포 도매약국 한 군데를 하루도 빠지지 않고 30번 이상 방문하자 약사가 기특하게 본 모양이다.

"내가 몇 군데 명함을 써줄 테니 가지고 가보세요."

하루 5분 인생수업

이때부터 기가 살아 시키지도 않는데 새벽에 나가 밤늦게까지 일을 하고 돌아왔다. 일할 수 있는 것이 얼마나 값진가를 스스로 느꼈기 때문이다. 이렇게 대단한 친구가 있다는 얘기가 소문이 돌자 이미 30대에 보령제약 영업이사 자리로 가게 되었고, 지금은 회사를 그만두고 나와 글로벌 마케팅을 하고 있다.

"누구나 능력은 대동소이합니다. 그러나 발등에 불이 떨어지면 숨어 있던 능력이 나타나게 되지요. 저는 남들이 볼 때는 안 될 조건만 있던 사람입니다. 그러나 단 한 가지라도 불이 붙으면 안 될 조건이 될 조건으로 변하게 되지요. 마땅한 자리가 없다, 돈이 없다, 나이가 많다 등등의 소리는 아직 배가 부르기 때문이에요. 배고픈 사람이 더운밥 찬밥 가리겠어요? 찬밥도 뱃속에 들어가면 더운밥이 되게 마련인데…"

제 눈에 있는 들보는 보이지 않고 남의 눈에 있는
티끌만 보이느냐?
100% 좋은 사람 또는 100% 나쁜 사람은 없기 때
문에 난 누구에게 '이 버릇 고쳐라. 저 버릇 고쳐
라'고 하지 않는다. 그 말 때문에 그가 상처를 받
을 수도 있어서이다. 오히려 좋은 면을 자꾸 부각
시켜 말해주면 단점은 자연히 상쇄된다.

웃음의 날

희망의 재고를 살펴보라

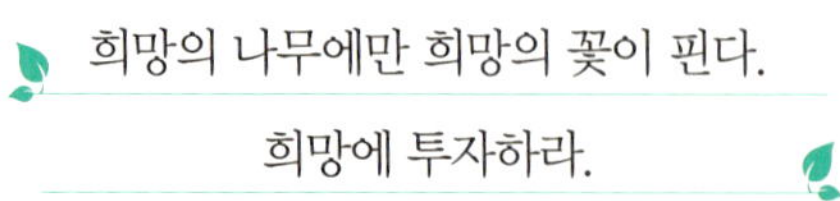

희망의 나무에만 희망의 꽃이 핀다.
희망에 투자하라.

이주일 씨가 코미디언으로 처음 방송에 출연했을 때 의사 역할을 하게 되었다. 환자의 눈꺼풀을 열어보고 "운명하셨습니다."라는 대사 한마디가 주어진 것이다. PD가 이주일 씨를 향해 큐사인을 했는데도 처음 해보는 일이라 정신이 멍해져 어쩔 줄 몰라 하자 PD가 자기 눈꺼풀을 손가락으로 까뒤집는 시늉을 해보이며 빨리 하라고 손짓을 했다. 그제야 이주일 씨는 알았다는 듯이 자기 눈을 까뒤집으며 말했다.

"운명하셨습니다."

결국 NG가 나고 스튜디오 안은 폭소의 도가니가 되었다.

사람은 긴장하면 예기치 않은 행동을 하게 된다. 실수하지 않으려고 수없이 연습을 반복하지만 그래도 실수를 하게 된다. 드라마를 보는 사람은 쉬워 보여도 막상 출연하는 사람은 그게 아니라서 많은 연기자들이 스트레스 때문에 술을 마시다가 알코올 중독에 걸리기도 하고 우울증에 시달리다 마약에 손을 대기도 한다. 그러나 절망적인 상황에서도 희망을 가지면 극복되지만 희망을 잃으면 모든 것은 끝나버린다.

IMF 금융위기 때 우리나라는 바람 앞에 등불 신세처럼 위태로웠고 국민들은 불안하기만 했다. 그런데 이때 구세주처럼 등장한 사람이 바로 '요술 공주 (박)세리'다. 맨발로 벙커에 빠진 골프공을 살려냈을 때도 박세리가 우승을 하리라고는 아무도 기대하지 않았다. 그 당시만 해도 골프는 우리 국민들에게는 생소한 스포츠였고, 박세리는 골프 변방 한국의 여자 골퍼였을 뿐이었다. 그러나 마침내 그녀가 LPGA에서 챔피언 우승컵을 거머쥐었을 때, 우리에겐 희망의 불꽃이 타올랐고 국민들은 장롱 속의 금반지를 꺼냈다. 그 덕분에 빠른 기간에 국가 위기를 극복하여 세계를 또 한번 놀라게 했다. 상상도 못 할 정도의 위대한 역사를 이룩해 낸 한국인의 힘이다.

알렉산더 대왕이 전쟁터에 나갈 때마다 병사들에게 자기가 가지고 있던 금은보화를 아낌없이 나눠주자 가까운 부하가 물었다.

"이렇게 다 나누어주면 폐하는 무얼 가지시려고 그러십니까?"
"나에게는 희망이라는 보물이 있느니라."

돈 많은 사람은 돈 자랑하고 지위 높은 사람은 지위 자랑하며 힘 센 사람은 힘을 자랑한다. 그러나 눈에 보이는 것은 있다가도 없어지고 없다가도 생겨나므로 보이는 것이 중요한 것이 아니라 영원한 희망처럼 소중한 것도 없다. 희망은 누구도 빼앗지 못하는 소망과 기쁨을 가득하게 만드는 비밀열쇠다. 생존 불가능하다고 진단받은 말기암 환자가 희망 하나로 회복된 경우는 얼마든지 볼 수 있다.

나는 외국에 있는 1,000개의 한인 종교단체에 매주 '오늘의 생각'을 써서 이메일로 보내고 있다. 말도 통하지 않는 외국에서 신앙의 씨앗을 심는다는 것은 생각처럼 쉬운 일이 아니다. 이들에게 깨우침을 통해 힘을 보태주려고 메일 발송을 시작한 것이 벌써 10년이 넘게 계속되고 있다. 그곳에서는 이 짧은 칼럼을 일요일마다 신도들에게 복사하여 나눠주는데, 지난해에 〈희망 콘서트〉를 출간한 기념으로 '오늘의 생각'을 '희망 메시지'로 개명하자 반응이 더 뜨거워졌다. 이제는 숟가락 하나 더 놓자는 생각으로 국내의 여러 기관이나 가족 친지에게도 보내고 있다.

세상은 친절하지만은 않다. 남에게 상처 주고도 뻔뻔스럽게 더 잘사는 사람들도 있다. 그럼에도 불구하고 희망을 나눔은 커다란 축복이다. 한 사람이 품은 희망의 씨앗은 100개, 1,000개로 전파되어 끝내는 희망이 꽃피는 세상을 만들 수 있기 때문이다. 이 책을 읽고 있는 당신도 어쩌면 벌써 그 희망의 대열에 서 있지 않은가?

희망은 나눌수록 점점 커지고, 고통은 나눌수록 줄어든다. 마음을 열고 희망의 용량을 살펴보며 희망을 키워나가자.

생일 축하합니다

예수, 석가의 탄생만 중요한 것이 아니다.
모든 생명도 다를 것이 없다.

누구나 결혼할 때는 눈에 콩깍지가 씌우게 마련이지만, 시간이 흐를수록 상대방의 단점을 보며 서로 간섭과 잔소리를 하고 처가와 친가도 네 편 내 편을 가르며 다툰다. 사랑해서 결혼했으면 양가가 모두 한 편인데 편가르기를 하면 어느새 반편이 되는 것이다. '결혼할 때는 두 눈을 크게 뜨고 결혼하고 나서는 한쪽 눈을 감아라.'는 서양 속담이 있다. 원수도 아니고 평생을 함께할 사람이라면 고마움으로 허물이 있어도 덮어주고 감싸주며 살아야 한다.

나는 아버지로부터 위대한 유산을 상속받았다. 아버지는 어머니가 신경 건드리는 말을 해도 화내지 않고 허허 웃으며 "당신 말이 옳아요." 했다. 다른 사람 같으면 화낼 만한 일인데도 무조건 어머니

말이 옳다는 것은 이해가 되지 않았다. 그런데 나이가 들면서 '당신 말이 옳아요.'가 가정평화, 나아가서는 세계평화의 중요한 메시지임을 알게 되었다.

누가 나에게 피해주는 말을 해도 변명하거나 옳고 그르고를 따지지 말고 끝까지 듣는다. 언쟁으로 이길 수 있을지 몰라도 영원한 원수로 끝나기 때문이다. 몰라서가 아니다. 모르는 척하는 것이 속 편한 일이기 때문이다. 처음에는 참기가 힘들었지만 그것도 훈련이 되니까 아주 편하다.

누구나 매년 기다리는 날은 자기가 태어난 날이다. 그러나 따지고 보면 내가 태어난 것이 아니라 부모님이 낳아준 날이어서 태어나게 해준 분에게 감사하는 날이 되어야 한다. 목숨 걸고 나를 세상에 태어나게 해주신 부모님이 안 계셨더라면 생일은 아무런 의미가 없는 것이다. 그러고 보면 미역국도 고생하신 부모님을 위해 끓여드려야 하고 선물도 내가 받을 게 아니라 그분들에게 해드려야 마땅하다는 생각이 든다. 사정이 여의치 않아 생일을 부모님과 함께할 수 없다면 전화라도 드리는 것이 기본 예의다.

석가탄신일, 예수 오신 날만 중요한 것이 아니라 자신들의 생일도 축하행사로 만들어야 한다. 그래서 나는 '생일 기념식'을 만들어 실시하고 있다.

- 생일 기념식 순서

1. 애국가 제창(나라 사랑이 가장 큰 사랑임을 깨우치기 위해서다.)

2. 조상을 위한 묵념

3. 가족 각자 1분씩 생일자에게 축하 말

4. 생일자가 가족에게 당부하는 말

5. 생일자의 공덕과 칭찬 낭독

6. 생일자와 가족 선물 교환

7. 축하 노래(행복에 대한 노래 중에서 선곡)

8. 행복 선언

이 방법을 보급했더니 반응은 뜨겁다. 내 강의를 들은 K대학 A교수가 전화를 걸어왔다.

"전 같으면 생일 케이크에 촛불 켜고 생일 축하 노래나 불렀는데, 이 방식으로 하니 집안 분위기가 180도 달라졌습니다."

나눔을 통해 기적을 체험하라

웃음의 날

내가 먼저 손을 내밀어 행복의 문을 열어보자.
샘물은 퍼낼수록 맑은 물이 솟아난다.

초등학교 친구는 형제자매 같고, 중·고등학교 때 친구는 동료 같으며, 대학동창들은 먼 친척과 비슷한 느낌이다. 친구와 포도주는 묵을수록 좋다고 하지만, 이는 좋은 친구와 좋은 포도로 만든 경우일 때에만 해당된다. 친근한 관계란 그냥 만들어지는 것이 아니라 상대방에게 순수하게 다가갈 때 조금씩 형성된다. 이해관계를 따져서 득이 되면 뻔질나게 연락하다가도 더 이상 빼먹을 게 없으면 뒤도 돌아보지 않는 사람들이 있다. 그러나 한 번 속지 두 번 속지는 않는다. '양치기 소년의 이야기'가 바로 그런 것을 뜻한다. 국물이 없으면 안 움직이는 사람은 언젠가는 뜨거운 맛을 보게 된다. 누군가 나로 인해 잘되도록 순수하게 그의 성공을 도와주면 남도 나에게 대가 없이 도움을 주는 것이다.

지금은 하버드대학에 한국 학생이 많이 합격하는데, 처음에는 입시성적이 우수한데도 대부분 떨어졌다. 그러자 이에 흥분한 부모는 인종차별이라고 항의했다가 망신만 당했다.

"학생의 시험성적은 매우 높습니다. 그런데 봉사 점수가 하나도 없군요."
"봉사 점수가 뭡니까?"

입학사정관은 한심한 듯 쳐다보며 할 말을 잃었다.

중·고등학생들이 보호시설에 찾아와서 유리창 닦기를 하겠다고 한다. 봉사했다는 도장을 받아와야 학교에서 인정해 주기 때문에 의무적으로 하는 것이다.

B양로원은 내가 자주 가는 시설인데 담당 부장이 이런 말을 한다.

"봉사를 왜 해야 하는지도 모르고 도장 받으러 오는데, 유리창 닦는다고 장난치다 유리창 깨는 애들도 있어요. 그래서 봉사왔다고 하면 일을 시키지 않고 도장만 찍어 보냅니다. 자칫하면 배보다 배꼽이 더 커요. 저희 뿐아니라 대부분 시설이 그렇습니다."

우리나라에서 손꼽히는 큰 기업들은 임직원의 가족들까지 다 함께 봉사를 나간다. 봉사를 통해 인생을 새롭게 발견하고 이전보다 행복한 삶을 살게 하기 위해서다. 자원봉사자들은 피부조직부터 다르다. 탄력이 있고 빛이 난다. 봉사의 따뜻한 마음씨와 사랑이 자기 자신에게 영향을 주기 때문이다.

은평지역에서 목욕봉사를 하는 자영업자 P씨는 뇌종양 진단을 받았으나 수술을 하기에는 위험한 부위여서 의사들도 난감해했다. 그는 마지막으로 좋은 일이나 하자고 불우한 노인들을 위한 목욕 봉사자로 나섰다. 그후 몇 해가 지났는데 언제부터인가 고통이 없어져서 검사를 받아 보니 완벽하게 회복되는 기적이 일어나 매스컴에 소개되기도 했다.

하버드대학에서 학생들을 두 그룹으로 나누어 실험을 했다. 한 그룹은 돈을 받고 일했고, 다른 그룹은 돈을 받지 않고 봉사활동을 한 다음 학생들의 침 성분을 각각 조사해 보니 후자의 학생들에게서 'IgA' 라는 면역항체가 전자보다 훨씬 많이 나왔다. 연구진은 봉사활동을 하는 사람이 건강해지는 현상을 마더 테레사 수녀를 본떠 '테레사 효과' 라고 이름 붙였다.

'헬퍼스하이 helper's high' 라는 말도 있다. 남을 조건 없이 도울 때는 자신의 이익을 추구할 때 도저히 맛볼 수 없는 최고의 충만감을 느끼는 현상을 뜻한다. 이때 엔도르핀이 다량 분비된다고 한다. 굳이

이 같은 과학적 증거가 아니더라도 누구나 다른 사람을 대가 없이 도울 때 예상하지 못한 만족감과 보람을 느낀 경험이 있을 것이다.

오바마 미국 대통령은 자신의 대통령 취임식 전날에도 청소년 보호시설에서 페인트칠을 도왔다. 또한 공휴일인 마틴 루터 킹 데이를 '봉사의 날'로 정하고 '미국을 함께 새롭게 바꾸자Renew America Together' 라는 자원봉사운동을 시작했다. 시카고 빈민가에서 사회운동을 한 그에게는 봉사활동을 통해 책임감과 연대의식을 키워 사회를 바꿀 수 있다는 신념이 있다.

미국은 개인 기부금 비율이 전체의 75%인데 우리는 15% 정도다. 아프리카에는 마실 물이 없어 흙탕물을 걸러 마시는 부족이 상당히 많은데, 수인성 질환으로 자라지도 못하고 죽는 아이가 많다. 방송사에서 진행한 함께 우물 파주기 행사에 참가했던 예능인들은 놀라울 정도로 표정이 변하고 건강이 넘쳐 보인다.

안으로 향해 있는 눈을 바깥으로 돌리면 내가 복을 지을 수 있는 일은 얼마든지 있다.

호감 주는 사람이 되는 법

호감은 아름다운 마음이 만들어준다.
잘 웃는 사람이 사람들을 끈다. 웃자!

〈호감의 법칙〉을 쓴 프랑크 나우먼은 "세상을 움직이는 힘은 돈, 권력, 지위가 아니라 호감이다."라고 말했다. 잘 웃는 사람이 사람들을 끈다. 찡그린 미녀보다 활짝 웃는 노인이 훨씬 아름답게 느껴진다.

기타나 바이올린은 쓰지 않는 동안에는 줄을 느슨하게 해놓아야 악기의 수명이 길어진다. 사람도 상대방을 편안하게 하는 사람은 누구에게나 호감을 주고 오랫동안 관계가 유지되지만, 만나면 상대방을 긁거나 피곤하게 하는 친구는 만나자고 해도 피해버린다.

여유 있는 표정과 행동은 자신은 물론 다른 사람까지도 기분 좋게 만드는데 그 중에서도 미소는 호감을 표하는 직접적인 표시다. 내가 미소 지으면 상대방도 미소 짓고 공감하여 쉽게 동화된다. 그러나 찌푸리고 있는 사람은 미인이라도 혐오감을 갖게 된다.

'웃는 예수'의 화가 홍준표 화백은 기존의 예수상을 새롭게 변화시킨 사람이다.

"예수가 십자가에 매달리신 게 언제 적 일입니까? 이제 이분에게 아픔 대신 기쁨을 드려야 합니다. 우리는 좋다고 웃고 떠들면서 왜 이분은 고통을 받아야 합니까? 그것은 저의 양심에 용납되지 않아 웃는 예수를 그리는 초상화가가 되었습니다."

누군가가 처음에 처참한 예수를 그리고 다음 사람은 그대로 그려 왔기 때문에 변하지 않은 것이지, 예수라고 생전에 호쾌하게 웃는 날이 왜 없었겠는가 생각해 보자. 광화문의 세종대왕상이나 지폐에 그려진 세종대왕은 항상 미소를 짓고 있다. 화가, 조각가가 그렇게 만든 것이다.

방송인 박경림은 평범한 외모에 목소리도 지나치게 허스키해 대중적인 방송을 하기에는 적합하지 않은 편이다. 하지만 타고난 성격과 좋은 대인관계, 그리고 늘 웃는 모습 때문에 자신의 꿈을 이루어 나간 인물이다. 가만히 있으면서 누가 알아주기를 바랄 게 아니라 박경림처럼 호감을 높이는 법과 자신만의 매력을 어필하는 법을 연구해야 한다.

하지만 그것을 모르는 사람들은 압구정동 성형외과를 찾아가 고통을 감수하며 양악수술을 받는다. 수술을 받다가 의료사고로 죽을 수도 있는 위험한 수술이다. 그것도 한두 푼 드는 것이 아니다. 수술 받은 연예인이 절대로 받지 말라고 방송에 나와 수술의 위험성을 경고해도 여전히 사람들은 줄을 선다.

중국 최고 미인의 한 명이 서시西施다. 그는 폐를 앓아 늘 찌푸리고 다녔지만 미모가 출중하여 남자들의 환호를 받았다. 서시가 사는 건너편에 동시東施라는 추녀가 살았는데, 서시가 환영받는 이유가 찌푸림 때문이라고 생각하여 오만상을 쓰고 거리에 나가 남자들 앞에 얼쩡대다 맞아 죽을 뻔했던 일이 야사에 전해지고 있다.

그 사람의 인상은 마음속에서 시작되는 것이어서 아름다워지려면 먼저 아름다운 마음을 가져야 한다. 마음이 외부로 표출되어 인상을 만들기 때문이다. 일 년에 도둑을 1,000명 잡아서 표창을 받은 포도왕捕盜王을 만났다.

"어떻게 그 많은 도둑을 잡았습니까?"
"도둑 잡는 것은 쉽습니다. 도둑놈은 꼭 도둑놈처럼 생겼습니다."

웃음은 사람을 끌어모으는 견인차다

웃음 띤 얼굴은 사람의 향기를 느끼게 하고 추운 겨울 따뜻한 햇볕처럼 온화함을 느끼게 해주어 사람들이 몰려든다. 인격자는 말을 아끼기를 돈 아끼듯 하고 상대방의 애기에 귀를 기울이며, 내 생각과 달라도 빙그레 미소 짓는다. 생각이 깊은 사람은 매사에 신중하여 주위에 신뢰를 얻어 누이 좋고 매부 좋은 공동 승리를 절로 이룬다. 돈이 아니라 미소를 보여주는 것도 배려요 예의여서 어떤 능력보다 더 큰 영향력을 발휘하게 된다.

공손한 말투나 사랑이 넘치는 밝은 표정은 아름다운 얼굴보다 낫고, 친절과 배려는 훌륭한 예술품 이상의 감동을 주기 때문에 너나없이 실종된 웃음을 되찾아야 한다.

〈브레이크 뉴스〉는 한 달에 1,100만 회 이상의 조회수를 자랑하는 인터넷 신문이다. 문일석 대표는 국민에게 웃음을 되찾아주기 위해 최근 '웃음교'를 창설하여 자칭 교주가 되어 웃음 세미나를 열었는데 놀랍게도 사람들이 구름처럼 몰려왔다. 웃음의 놀라운 흡인력 때문이다.

미국 역대 대통령 중에 가장 추앙을 받는 사람은 에이브러험 링컨 대통령이다. 그가 국회에서 발언할 때 정적들은 있는 말 없는 말을 동원하여 공격을 했다.

"링컨 대통령은 두 얼굴의 사나이오."
이중인격자라고 꼬집었지만 링컨은 표정 하나 변하지 않고 말했다.
"내가 두 얼굴이라면 귀한 분들 앞에 하필 이 못생긴 얼굴을 가지고 나왔겠습니까?"

이 말을 들은 정적들도 폭소를 터뜨리며 손을 들고 말았다.

관상觀相의 바이블인 〈마의상서麻衣相書〉에 '좋은 상은 웃는 상이고, 흉한 상은 근심하는 상'이라고 쓰여 있다. 상이란 겉에 나타난 마음이어서 시시각각으로 변하는 마음이 얼굴에 예보처럼 나타나는데, 예보의 내용인 표정을 바꾸면 운명도 변하게 되는 것이다.

밝은 얼굴은 사람들에게 호감을 주어 대인관계가 원만해지므로 자연히 협력자가 늘어난다. 또한 마음의 평화가 유지되어 지상천국의 행복감을 느끼는데다가 면역기능이 강화된다.

우리나라에는 매년 많은 의사들이 배출되지만 인턴 자리를 구하는 것도 하늘의 별따기다. 학교에 남아 있지도 못하고 취업도 되지 않아 의원을 개설하는 의사가 적지 않다. 한 건물 안에 수많은 의원들이 밀집해 있는 것을 보면 그 숫자가 어느 정도인지 가히 짐작이 간다.

그럼에도 잘되는 의원은 따로 있어 환자들이 치료를 받기 위해 몇 시간을 기다리는 것도 마다하지 않는다. 음식점만 소문난 곳으로 몰리는 것이 아니라 환자도 마찬가지다. 잘되는 의원의 공통점은 의사가 인자한 미소를 띠고 있다는 것이다.

한의학 박사 우호 씨는 편안한 미소와 다정한 태도로 아무리 까다로운 환자가 찾아와도 마음을 열고 시술을 한다.

"한의학적 식품 처방과 함께 웃음 치료·눈물 치료·음악 치료와 같은 심리 치료와 삼림욕, 스파, 긍정의 힘 특강 등을 해줄 각계의 전문가와 협력하여 환자 자신이 병을 이겨내는 '자연치유 난치병 전문센터'를 열 계획입니다."

우호 박사는 한의학 외에도 여러 자연요법을 연구하여 세계로 진출할 꿈도 가지고 있다. 그는 의사의 역할은 환자 스스로의 자연치유력을 최대로 끌어올리는 것이라는 신념을 가지고 환자를 대한다.

성경에서 "범사에 감사하고, 쉬지 말고 기뻐하며, 쉬지 말고 기도하라."고 쓰여진 이유가 있다. 쉬지 않고 감사하고 기뻐하며 기도하다 보면 그 마음이 밝아져서 절로 밝은 표정을 짓게 되어 웬만한 병에도 끄떡없는 건강체로 변한다. 웃자, 나의 건강과 행복을 위해!

행운은 행복한 사람에게 찾아온다

정부용 씨는 최고의 CM성우로 MBC 전속 성우 시절 롯데껌, 해태 쌕쌕 등 수많은 광고를 녹음해 히트시킨 장본인이다. 지하철, 엘리베이터, 공항 등등 한창 때는 그녀의 목소리가 안 들리는 곳이 없을 정도였다. 지금은 은퇴를 하고 보이스클리닉 전문 강사로 활동하고 있는데, 목소리가 아름다우려면 먼저 마음이 아름다워야 한다고 가르친다. 그래서 수강생들에게 먼저 시를 읽히고 마음을 가꾸게 한다.

정부용 씨가 녹음한 시낭송을 들으면 아름다운 풍경화가 저절로 그려져 대학이나 각 기관에서 행사가 있을 때 축시 낭송을 위해 초청을 받는다.

자신의 재능으로 봉사하는 것을 기쁨으로 생각해 9년 동안 시각장애인들을 위해 책을 읽어주고, 목회자들을 위해서는 무료 보이스클리닉 강의를 10년째 해오고 있다. 시각장애인들 사이에서는 '천상의 목소리'로 통한다. 하루는 목사님이 감사 인사를 했다.

"이렇게 받기만 해서 어쩝니까. 우리도 보답을 해드려야 할 텐데요."
그러자 정부용 씨는 미소를 지으며 말했다.
"목사님, 저는 하나님하고 계산할 거예요. 걱정 마시고 기도만 열심히 해주세요."
그의 사려 깊은 말에 감동받은 목사님은 강의가 끝나고 기도했다.
"하나님, 우리가 할 수 있는 것은 오직 기도뿐입니다. 당신께서 하늘과 땅에서 가장 좋은 것으로 갚아주소서."
정부용 씨는 그 기도를 듣자마자 감동이 밀려와 눈물을 흘렸는데 그 순간 딸에게서 전화가 왔다.
"엄마, 놀라지 마세요. 우리한테 차가 생겼어요! 엄마가 늘 갖고 싶어 하던 그런 차예요."

자신을 위해서는 검소한 생활을 하여 화장품도 직접 만들어 사용하는 엄마를 위해 딸이 면세점에서 화장품을 샀는데, 이때 응모한 경품권이 1등에 당첨된 것이다. 당첨된 차는 스칸디나비아 항공사에서 만든 SAAB^{사브}로 명차 중의 명차인데다 정부용 씨가 갖고 싶어 하던 흰색이었다. 남을 감동시키자 자신도 감동하게 되고, 감동을 하

웃음의 날

니 정말 감동할 일이 생기는 것이다.

행운과 기적은 행복한 사람에게 찾아온다. 누구에게나 기적은 나타날 수 있지만 그것이 기적임을 알아챌 수 있는 사람에게 더 많은 축복이 찾아온다.

손해를 보면 웃어넘겨라
손해가 이익 된다

피해에 연연하지 말라.
손해가 있으면 이익도 있게 마련이다.

맑은 날만 있는 것이 아니라 비 오고 눈 오는 날도 있듯이 살다 보면 이익을 볼 때도 있고 손해를 볼 때도 있게 마련이다. 그런데 다들 '나는 손해 보지 않겠다.'고 목숨을 건다. 잘 달리던 차가 갑자기 멈추고 길게 정체되는 것은 보나마나 전방에서 접촉사고가 있었기 때문이다. 접촉사고가 나면 서로 자기가 옳고 네가 잘못했다고 소리소리 지른다. 언제나 '나는 피해자, 너는 가해자'라는 생각을 하고 있는 것이다.

비가 부슬부슬 내리는 저녁, 사무실에서 모임이 있어 길을 건너는데 달려오던 오토바이가 나를 들이받았고 나는 정신을 잃었던 모양이다. 얼마나 시간이 흘렀는지 눈을 뜨고 보니 나는 길바닥에 넘어져 있고 바지가 갈래갈래 찢어졌는데 피가 흐르고 있었다. 움직이려 하는데도 몸이 말을 듣지 않는다. 오토바이도 박살이 났다.

일어날 수가 없어 젊은이의 부축을 받아 집에 돌아왔는데 아픈 줄도 몰랐다. 젊은이들이 파랗게 질려 떨고 있길래 왜 떨고 있느냐고 물었더니 자기들이 사람을 죽인 줄 알았다는 것이다.

손발을 움직일 수 없어 주머니에서 2만 원을 꺼내라고 해 약국에 가서 우황청심원 2개를 사오라 해서 나눠 먹으라고 했다. 나는 정신을 잃어 모르지만 그들은 심한 충격을 받았을 것이 틀림없었다.

"자네들 오토바이가 박살났지?"
"네."
"몇 cc인가?"
"125cc입니다."
"나하고 오토바이하고 누가 더 센가?"
"선생님이 더 셉니다."

나는 그 얘기를 들으니까 몸은 아파도 기분이 좋아졌다. 내가 125cc를 이겼으니 나는 150살도 더 살겠구나 하는 생각도 스쳐지나갔다.

"이제 가봐라. 그리고 이 근처는 얼씬도 하지 말아야 한다."
나는 그들의 이름도 전화번호도 알지 못한다. 8년이 지난 지금도 후유증이 있지만 나는 분명 살아났고 125세는 거뜬하다는 생각을 하고 있다. 사고가 날 때만 해도 하루 세 강좌를 뛰었고 오후가 되면 눈 뜨기도 힘들었는데 모두 과로가 원인이었다. 만일 사고를 당하지 않았더라면 과로사를 했을지도 모르는 일이다.

　나의 주 수입은 강연이라 그동안 활동을 못 해 빚까지 지게 되었지만, 생명연장은 돈으로 살 수 있는 게 아니지 않는가. 그렇게 여기니 사고도 고마운 일이다. 활동을 못 하는 대신 하루 12시간 기도를 하며 기도의 비밀까지 터득한 것도 큰 수확이라 할 수 있다. 나이가 들수록 에너지가 줄어든다는데 내게는 지금이 바로 에너지 전성시대다.

이상헌의 사고 후 깨달음 100

2004년 11월 2일(화) 저녁 6시 35분 집 앞에서 길을 건너다 달려오는 오토바이와 정면으로 부딪혀 의식을 잃고 깨어나 보니 몸을 움직일 수 없어 부축을 받으며 집으로 돌아왔다. 나는 그들의 이름 전화번호를 묻지 않고 돌려보냈다. 신은 아픔만 주는 것이 아니라 그에 상응하는 기쁨을 준다. 사고에서 찾아낸 생각의 보석. 아픔 속에서 깨달은 100가지 생각이다.

01. 죽고 사는 것은 1cm 차이다. 작은 차이가 생과 사를 가름한다.

02. 아는 길도 조심하라. 뜻밖의 장애가 도처에 도사리고 있다.

03. 전쟁터에 나갈 때는 한 번 기도하라. 외출할 때는 열 번 기도하라.

04. 불조심은 그만 외쳐라. 차조심, 길조심, 사람 조심이 먼저다.

05. 몸이 망가졌음을 한탄 말라. 양심이 망가지지 않았음을 감사하라.

06. 가해자와 싸우지 말라. 기해자도 다 같은 피해자다.

07. 생사에 집착 말라. 생사는 하늘의 뜻에 맡겨라.

08. 모든 일에는 뜻이 있다. 그 뜻을 헤아려라.

09. 힘들어도 걸을 수 있음은 행운이다. 평생 흙 못 밟고 사는 사람도 있다.

10. 평상시에 열심히 운동하라. 운동신경이 발달되면 아무래도 덜 다친다.

11. 호랑이에 물려가도 정신을 차려라. 정신마저 잃으면 모든 것은 끝이다.

12. 영화만 예고편이 있는 것이 아니다. 세심하게 관찰하라.

13. 살 날이 창창하다는 생각은 버려라. 사람팔자 아무도 모른다.

14. 남의 어려움을 방관 말라. 도움을 주는 것이 사랑의 실천이다.

15. 사고의 대차대표를 만들어라. 그래도 흑자 폭이 더 크다.

16. 사고 기억은 소중한 교훈이다. 교훈을 값지게 간직하라.

17. 사고는 남이 못 한 특별한 경험이다. 경험에는 비용이 드는 법이다.

18. 아픔을 억울하게 생각 말라. 지금까지 무사고를 다행으로 여겨라.

19. 잘잘못을 따지지 말라. 따진다고 해결될 문제가 아니다.

20. 평생 사는 데 별별 일이 다 생긴다. 초연하게 대처하라.

21. 무사고 운전자만 표창하지 말라. 무사고 보행자도 표창하라.

22. 활동 못 함을 억울해 말라. 놀기를 좋아했다면 소원성취한 셈이다.

23. 가족을 소중히 하라. 원수니 악수니 해도 아플 때는 가족밖에 없다.

24. 급할수록 돌아가라. 그래도 그것이 가장 빠른 길이다.

25. 한눈 팔지 말라. 두 눈 뜨고도 일을 당한다.

26. 앞만 보고 걷지 말라. 전후좌우 하늘과 땅까지 살피며 걸어가라.

27. 좋은 습관이 좋은 운명을 만든다. 새로운 습관을 만들어보자.

28. 부주의는 사고의 지름길이다. 안전 제일을 구호로 삼아라.

29. 살아 있는 날은 축제의 날이다. 주어진 나날을 기쁨으로 장식하라.

30. 아픔을 억울해 말라. 기쁨 속에서도 모르고 살았음을 반성하라.

31. 만원 버스 뒤에는 빈 버스가 온다. 뒤따를 기쁨에 감사하라.

32. 아픔은 깨달음을 주려는 신의 배려다. 감사함으로 받아들여라.

33. 아픔에 집착 말라. 원래 인생의 3분의 1은 아픔으로 이루어져 있다.

34. 엄살떨지 말라. 부모는 자식을 위해 평생 아픔으로 사신 분이다.

35. “아파 아파” 하면 더 아프다. 이를 악물고 견딜 만하다고 외쳐라.

37. 아픔도 지나고 보면 추억이 된다. 추억 노트를 잘 간직하라.

38. 아픔은 예방접종이다. 작은 아픔으로 큰 아픔을 예방하라.

39. 밤이 가면 아침이 온다. 불행 중 다행은 있어도 다행 중 불행은 없다.

40. 아픔을 통해 기쁨을 체휼하라. 감사하면 아픔도 기쁨으로 변한다.

41. 아픔 없기를 바라지 말라. 아픔을 통하여 깨달음을 배워라.

42. 나만 고통받는 것은 아니다. 알고 보면 너나없이 아픈 사람 투성이다

43. 아파도 남을 위할 수 있다. 다쳤을망정 숨이 붙어 있는 한 봉사하라.

44. 아프다는 것은 살아 있는 증거다. 죽은 사람은 아픔도 모른다.

45. 아픈 기간을 독서시간으로 대체하라. 기적같이 성장한다.

46. 영성훈련을 하라. 매우 값진 시간으로 변화한다.

47. 언젠가는 지팡이를 짚게 된다. 일찍 짚음은 선행학습이다.

48. 사고 후 난 25권의 저술 아이디어를 만들었다. 평상시라면 상상도 못 한다.

49. 멀쩡하면 노약자 장애인석을 차지하지 말라. 주인에게 돌려줘라.

50. 말은 기도다. 좋은 말로 자신을 다스려라.

51. 마음 내키지 않으면 나가지 말라. 자신의 영혼은 알고 있다.

52. 용서하고 용서를 빌어라. 그래야 원망의 때를 홀가분하게 벗길 수 있다.

53. 항상 준비하라. 준비 없이 살다 보면 크게 후회한다.

54. 소 잃고도 외양간 고쳐라. 언젠가는 쓸모가 있는 법이다.

55. 불행 중 다행은 있어도 다행 중 불행은 없다. 시야를 바꿔라.

56. 인생은 여행이다. 여행에는 험난한 코스도 있는 법이다.

57. 사고 전에는 반드시 징조가 있다. 느낌을 무시하지 말라.

58. 반복되는 사고라면 원인을 규명하라. 발견되면 즉시 제거하라.

59. 연락처와 신분증을 지니고 다녀라. 자칫하면 행려병자로 처리된다.

60. 보험을 들어둬라. 자식보다는 보험이 효자노릇 톡톡히 한다.

61. 치료할 때는 밝은 생각만 하라. 그래야 빠르게 치유된다.

62. 같은 말을 1만 번 반복하면 그대로 이뤄진다. 병상에서 운명을 바꿔보라.

하루 5분 인생수업

63. 미소 훈련을 반복해 보라. 양악수술보다 값진 효과가 나타난다.

64. 다쳐보면 다친 사람을 이해한다. 그들은 모두 선배들이다.

65. 호랑이에게 물려가도 정신만 차리면 산다. '차렷' 구호를 명심하라.

66. 끝까지 희망을 잃지 말라. 아픔에는 희망이 보약이다.

67. 아이는 홍역을 앓고 나면 똘똘해진다. 사고를 통해 성숙하라.

68. 생명이 붙어 있음은 천운이다. 천운에 감사하라.

69. 나보다 더 힘든 사람도 있다. 그들에게 힘을 실어줘라.

70. 자서전을 써라. 참된 자신을 발견하게 된다.

71. 조건 없이 용서하라. 용서만이 자신을 해방시키는 원동력이다.

72. 나도 모르는 잘못이 있다. 반성하고 회개하여 마음을 가볍게 하라.

73. 가해자를 위로하라. 나는 몸만 다쳤지만 그는 영혼까지 다쳤다.

74. 가해자가 안 됐음에 감사하라. 악몽을 꾸는 것은 오히려 가해자다.

75. 모든 것은 인연이다. 인연의 뿌리를 생각하라.

76. 사고는 액땜이다. 돈 들여서도 액땜 굿까지 한다.

77. 상처는 훈장이다. 훈장을 자랑스럽게 달고 다녀라.

78. 모든 경험은 소중하다. 사고 경험을 값지게 간직하라.

79. 괴로워 말라. 아픈 만큼 성숙했음을 감사하라.

80. 허허 웃어넘겨라. 웃음은 만병통치약이다.

81. 내가 뿌린 씨앗, 내가 아니면 자손이 받는다. 좋은 씨앗을 뿌려라.

82. 달리는 오토바이를 우습게 보지 말라. 미사일보다 더 무섭다.

83. 병상에서 시인, 철학자도 탄생한다. 이 기간을 헛되게 보내지 말라.

84. 기쁨 없는 삶은 삶이 아니다. 아픔 앞에서도 기뻐하라.

85. 앓느니 죽지 소리를 하지 말라. 아무리 아파도 사는 게 축복이다.

86. 사람은 사랑하기 위해 태어났다. 그렇다면 사랑을 실천하라.

87. 건강한 날은 축제의 날이다. 축제 날을 최고로 만들어라.

88. 남의 건강을 부러워하지 말라. 스스로 관리하라.

89. '이만큼이나' 다친 것이 아니다. '이 정도밖에' 안 다친 것이다.

90. 매일매일 일기를 써라. 자신의 역사요 소중한 기록이다.

91. 술잔만 비우지 말고 마음을 비워라. 그래야 새로움을 담을 수 있다.

92. 자기 병을 고치는 것은 자기 자신이다. 확신을 가져라.

93. 부지런히 완성하라. 살아 있는 동안만 완성이 가능하다.

94. 목숨이 10개라면 아무렇게 살아도 된다. 아니면 소중히 관리하라.

95. 지난 감동과 감격을 찾아 노트를 만들라. 강력한 에너지가 생겨난다.

96. 가까운 세상이 또 있다. 그 세상에 대하여 공부하라.

97. 예비비를 만들어라. 주머니가 비어 있으면 죽음보다 더 큰 고통이 따른다.

98. 죽음의 문턱까지 다녀옴은 대단한 영광이다. 경험을 헛되이 하지 말라.

99. 마지막 하루처럼 살아가라. 그래야 후회가 따르지 않는 법이다.

100. 살아있음은 축복이다. 감동으로 시작하여 감격으로 마감하라.

동심으로 돌아가자

웃음의 날

어느 날 고흐 Vincent van Gogh 가 창밖을 내다보고 있었는데 포대로 만든 옷을 입고 지나가는 사람이 눈에 띄었다. 자세히 보니 옷의 앞면에 'Breakable(깨지기 쉬움)'이라는 글자가 찍혀 있는 것을 보고 무릎을 쳤다.

"아, 그렇지. 사람은 깨지기 쉬운 존재야."

그런데 등에도 글자가 있었다. 'Be careful(취급 주의).' 고흐는 등에 새겨진 글을 보고 다시 한 번 고개를 끄덕였다.

"맞아, 사람은 조심스레 다뤄야 하는 거야."

사람 사는 세상에서는 관계처럼 소중한 것도 없다. 우리나라는 세계에서 손꼽히는 반도체 기술을 가지고 있지만, 소통의 기술은 꼴찌여서 서로에게 상처 주고 상처를 입는다. 유리병처럼 쉽게 깨지는 것도 없다. 쉽게 깨질 뿐더러 한 번 깨지면 다시는 못 쓰게 되고 깨진 조각은 사람을 다치게도 한다. 그러나 이 유리병보다 더 약한 것은 사람의 마음이다. 조심성 없이 나오는 대로 말하다가 상처를 주고 서운한 말 한마디에 무너져내리기도 한다.

오나가나 상처 입은 사람들뿐이니 언제 누구에게 어떻게 당할지 몰라 불안한 삶을 살아가는 것이 우리들이다. 관계는 사람과 사람의 마음이 연결될 때 형성되는데, 맺기보다 유지하기가 더 어렵기 마련이어서 특별히 조심하지 않으면 안 된다.

만약 '사람 사용 설명서'라는 게 있다면 모두 다 한 번쯤은 읽어볼 필요가 있다. 아름다운 관계는 배려와 부드러운 미소를 통해 만들어지며 아무리 편한 사이라 해도 자기 중심적으로 흐르면 손상을 받는다.

관계를 지속하는 가장 좋은 방법은 동심의 세계로 돌아가는 것이다. 어린 시절 소꿉장난하고 놀던 때는 지금껏 기억난다. 아이들이 싸우다가도 금방 웃고 장난치는 것은 사심이 없기 때문이다. 그것이 바로 순수성이다. 평생 동심의 세계에서 살 수 있다면 여기가 천국이 되는 것이다. 동심으로 돌아가면 갈등이나 전쟁이 있을 리가 없다.

미국의 4~8세 어린이들에게 '사랑이란 어떤 걸까?'를 물었는데, 동심이 담긴 그 대답을 읽다 보면 마음이 한결 부드러워진다.

🍃 레베카 (8세)

"할머니가 관절염에 걸려 몸을 굽혀 발톱 색칠을 못 해 할아버지가 늘 대신해 주지요. 할아버지는 손에 관절염 있는데…."

🍃 대니 (7세)

"엄마가 커피를 끓여 아빠에게 주기 전에 맛이 괜찮은지 확인하느라 한 모금 꼭 마시지요."

🍃 에밀리 (8세)

"뽀뽀하는 데 지쳤어도 더 같이 있고 싶은 거예요."

🍃 노엘 (7세)

"친구에게 '셔츠가 마음에 든다'고 했더니 매일 그 셔츠만 입고 다니지요."

🍃 신디 (8세)

"피아노 연주회 때 무대에서 긴장했는데 관중 틈에서 아빠 혼자 웃으며 손을 흔들었어요."

🍃 엘레인 (5세)

"엄마는 아빠에게 닭고기의 제일 맛있는 부위를 떼내 주어요."

🍃 크리스 (7세)

"엄마는 아빠가 지저분하게 하고 다녀도 로버트 레드포드보다 더 멋지다고 하지요."

🌱 로렌 (4세)

"언니는 자기 옷을 전부 나에게 주고 밖에 나가서 새 옷을 사오
지요."

🌱 마크 (4세)

며칠 전 할머니를 잃은 할아버지가 우는 걸 보고 무릎에 올라가
가만히 앉아 있었는데 엄마가 나중에 물었어요.

"할아버지께 무슨 말을 해드렸어?"

"아무 말 안 했어. 그냥 할아버지 우는 거 도와줬어."

가족회의를 하자

'귀신도 말을 하지 않으면 모른다.'는 것은 속담만은 아니다. 같은 침대를 쓰는 부부나 부모 자식도 말을 하지 않으면 모르게 마련이다. 아이들은 공부 때문에 바쁘고, 어머니는 연속극에 빠져 있고, 아버지는 회사일로 늦다 보면 서로 얼굴을 맞대고 대화할 시간이 점점 줄어들어 한 지붕 세 가족이 되어버린다.

출근 시간도 제각각이고 밥 먹는 시간도 제각각이다. 잠자는 장소만 같을 뿐 남남이나 다를 것이 없다. 가정에서도 대화가 절대적으로 부족한데 대화가 없어지면 대결만 남게 된다. 이것이 바로 가정의 위기를 불러일으키는 것이고, 가정이 무너지면 가옥으로 전락하고 만다.

매주 하루를 가족회의의 날로 정하자.

가족회의는 가정의 미래를 밝히고 문제를 해결하는 지름길이다. 매주 주제를 정해서 회의를 하다 보면 사고력, 판단력, 대화능력, 문제해결까지 놀라운 변화가 일어난다. 자녀에게 가족회의 노트를 주고 그날의 회의를 기록하는 서기를 시키면 문장능력까지 향상된다. 비싼 돈 주고 논술과외 시킬 게 아니라 일상에서 자연스레 토론능력을 습득하게 하는 것이다.

가족회의 중에 조심해야 할 일들이 있다.

1. 시간을 정해 주어진 시간 안에 끝낸다.

2. 다 같이 합창으로 단합을 다진 다음 시작한다.

3. 상대방 얘기는 중단시키지 말고 끝까지 듣는다.

4. 마음에 안 들어도 감정적으로 대처하지 않는다.

5. 간결하게 요점만 말한다.

6. 지루하면 중간에 노래 부르기 등 분위기 전환을 한나.

7. 종종 유머도 삽입한다.

8. 맞장구치기의 달인이 된다.

9. 상대방이 얘기할 때 끼어들기는 금물이다.

10. 건설적인 방향으로 이끌어간다.

11. 가족회의는 다 같은 자격이 주어지므로 자녀에게도 존칭을 쓴다.

12. 가족회의에서 통과된 사항은 반드시 지킨다.

　직장이나 가정에서 말 못 하는 사람이 늘어나는 것은 평상시 대화 훈련이 부족하기 때문이다. A사의 H대리는 가족회의 6개월 만에 유능한 스피커로 부활했다. 그동안 상사 앞에서 버벅거리는 바람에 일한 것에 비해 제대로 인정받지 못했지만 지금은 유창한 발표 실력으로 모두를 놀라게 했다. 화술 훈련은 웅변학원에서만 하는 것이 아니다.

글자 하나 바꿨더니 기적이 일어났다

신문사나 잡지사 출신들은 직장을 그만두면 대부분 출판사를 차린다. 잘 아는 일이니 자신도 충분히 성공할 수 있다고 생각하지만 10명 중 9명은 그동안 모았던 돈과 친지들의 돈까지 몽땅 날리고 처량한 신세가 된다. 사실 이건 축구팬이 축구선수가 되겠다는 것과 다를 바가 없다. 직접 뛰는 사람도 힘든데 관중이 선수가 될 수는 없는 일이다.

지금도 '샘터'는 잡지로서는 유명세를 타고 있지만, 30여 년 전에는 하늘에 나는 새도 떨어뜨릴 정도의 막강한 잡지사였다. 그 시절 영업국장이었던 이양상 씨가 독립해서 출판사를 차리고 저명인사들의 에세이 모음집 〈뜻을 세워 산다〉를 만든다며 원고청탁을 하러 찾아와서 흔쾌히 승낙했다.

　김수환 추기경, 법정 스님, 김동길, 안병욱, 김형석 교수 등 쟁쟁한 필자 25명이 참여했는데, 나는 그중에 연소자급이었다. 출간한지 몇 달 후에 찾아온 그를 보니 전에 보였던 패기는 온데간데없고 풀이 죽어 있었다.

　"서점에 깔았는데 초판 3,000부도 다 나가지 않았습니다. 어떻게 하면 좋겠습니까?"

　이상과 의욕으로 시작했는데 현실은 그게 아니었다. 그의 이야기를 끝까지 듣고 한 가지 제안을 했다.

　"그럼 이 책을 다른 출판사에 넘기는 것은 어떨까요?"
　"그렇게만 되면 저는 다시 재기할 수 있을 겁니다."

　그 무렵은 내가 심원출판사心園出版社의 전성일 대표를 밀어주고 있을 때였다. 심원이란 이름이 촌스러워 전성일 씨의 세례명인 '시몬'으로 출판사 이름을 바꾸게 한 뒤 활기를 띠던 시점이었다.

　"이 책을 인수해 베스트셀러를 만듭시다."

전성일 씨는 나의 설명을 듣기도 전에 수표에 사인을 했다.

"표지디자인을 새롭게 바꾸고 필자 몇 명을 추가하고 교체한 다음 책 제목도 '산다'를 '살자'로 바꿔보세요."

이렇게 해서 만들고 보니 뭔가 대박을 칠 것 같은 예감이 들었고, 전성일 씨는 과감하게 각 신문에 매일 5단통 광고를 냈는데 3개월도 안 돼 50만 부가 돌파되었다. 3개월 동안 3,000부가 안 나가던 책이 50만 부라면 기적에 가까운 숫자다.

나의 서재에는 그동안 내가 쓴 소장본들이 꽂혀 있는데, 며칠만 보겠다고 가져간 책들은 몇 년이 지나도 감감무소식이다. 이런 사정을 아는 '기쁨세상'의 박인옥, 정승재, 강성관 회원은 자신이 소장했던 책과 고서점을 돌며 찾아낸 책을 구입하여 다시 가져다 책장에 꽂아놓는 정성을 보여주었다. 〈뜻을 세워 산다〉와 〈뜻을 세워 살자〉를 최근 기적적으로 구하게 되자 30년 만에 이산가족을 찾은 것만큼 반갑게 느껴진다.

사람도 마찬가지다. 누구나 성공할 수 있는 자질을 가지고 태어났지만 자신이 어떤 존재인지 자각하지 못하고 방법을 몰라 어려움을 겪는다. 훌륭한 재능을 지닌 사람이 빛을 보지 못하고 있다면 그것은 자기연출이 부족한 탓이다. 책 제목 한 글자를 바꿨을 때 주는 느낌은 얼마나 크게 달라지는가. 작은 차이가 승부를 좌우하는 것이다.

　혹시 내 표정이 너무 굳어서 무섭게 보이진 않는지, 무의식중에 부정적인 생각이나 말을 습관처럼 하고 있지는 않는지, 왠지 모르게 자신감이 없어 어깨를 움츠리고 다니지는 않는지 거울을 보며 나의 모습을 점검해 보자. 자기 자신을 더욱 빛나게 할 방법을 연구해 실천하다 보면 어느새 성공한 사람으로 탈바꿈하게 된다.

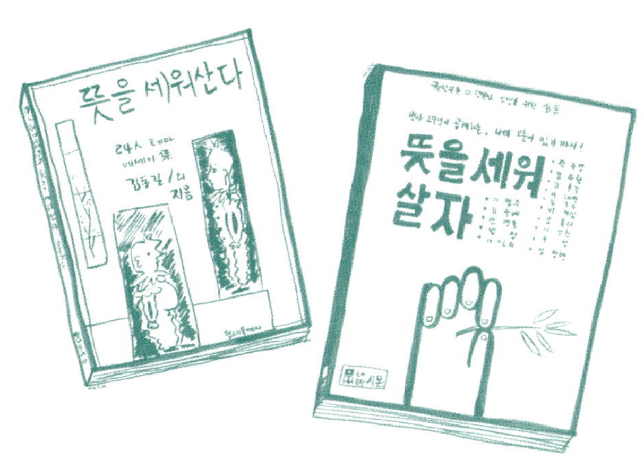

끌어당기는 힘은 누구에게나 있기 때문에 원하는
것은 무엇이든 이룰 수 있다. 자신감, 기쁨, 감사
의 마음이 충만할 때 자신은 우주의 좋은 운과 기
를 끌어들인다. 이런 상태일 때는 찾아오는 사람,
만나게 되는 사람도 모두 긍정 에너지를 가졌으며
함께했을 때 시너지를 발휘하는 사람들이다.

감사의 날

이름대로 산다

아기가 태어나면 부모가 제일 먼저 주는 선물은 바로 이름이다. 유명한 작명가에게 거금을 주고 이름을 짓는 것은 이름이 평생에 영향을 미치기 때문이다. 내가 태어나서 불리다가 죽은 다음에도 영원히 남는 것은 이름이다. 강감찬 장군, 황희 정승, 이순신 장군도 우리 역사와 함께 영원히 불리우는 이름이다.

주기도문에 "이름을 거룩하게 하옵시고…"가 나온다. 살아온 역사가 고스란히 이름에 남게 되어 존경받는 이름도 있고, 자손까지 욕먹게 하는 이름도 있는데, 주위를 살펴보면 이름대로 살고 사는 대로 이름이 남는 것을 볼 수 있다.

주민등록증에 적힌 이름만 이름이 아니라 요즘은 이메일 아이디도 이름으로 행세한다. 아이디가 '백수'인 청년을 만났는데 생기기는 멀쩡하게 생겨서 왜 이런 이름을 쓰느냐고 했더니 자기가 백수기 때문에 백수라고 쓴다는 것이다. 그 친구는 대학을 졸업하고 십 년 동안이나 백수로 지냈다고 한다.

"백수라고 하니 백수 신세를 벗어나지 못하는 거야. 자네 소망이 뭔가?"

"좋은 직장 들어가는 거지요."

"그럼 당장 '모범사원'으로 고쳐 사용하게."

그후 석 달 만에 그 청년이 울면서 전화를 했다.

"선생님, 드디어 S그룹에 출근하게 되었습니다."

닉네임에 얽힌 놀라운 이야기는 여기서 끝이 아니다. 장민아 양은 어릴 때 부모님의 사업이 어려워져 인도네이사로 이민을 갔다. 민아 양의 어머니 김성월 씨는 한국을 떠날 때 내가 쓴 책을 신주처럼 모시고 갈 정도의 열혈독자여서 자녀들도 나의 책을 읽으며 적극성과 도전정신을 키워나갔다.

초반에 적응하는 데 어려움을 겪었지만 자신감을 회복한 민아 양은 초·중·고등학교를 최고성적으로 졸업하고 인도네시아 국립대학 정치외교학과에 수석으로 입학했다. 그의 꿈은 외교통상부 장관이어서 이메일의 닉네임을 '외교통상부장관' 으로 지었다.

입학 후 얼마 안 되어 중국에서 열리는 세계대학생 모의국제 유엔 총회에 참가자로 결정되었지만 비행기 티켓과 숙박비를 부담할 형편이 안 돼 각 기업체에 이메일을 보냈는데 전화 한 통이 왔다.

"자네가 '외교통상부장관' 장민아 양인가?"
"네 제가 이메일을 보낸 장민아입니다."
"자네 닉네임이 하도 인상 깊어서 열어봤네. 한국 학생 중에도 이런 인재가 있는 줄 몰랐군. 타국에서 공부하기가 쉽지는 않았을 텐데 동포로서 정말 뿌듯하고 기특해서 통화를 하고 싶었네."
"칭찬해 주셔서 감사합니다."
"내가 이번 대회의 참가 경비 일체를 지원할 테니 걱정 말고 잘 다녀오게."

소문은 꼬리에 꼬리를 물어 어린 나이에 이미 인도네시아의 유명 인사가 되었다. 대학졸업 후 주 인니 한국대사관에 근무하게 되자마자 올해 초 서울에서 열린 G20 정상회담에 인도네시아 영부인의 통역을 맡아 한국에 왔다가 '기쁨세상' 을 방문했다.

우리 회원인 이연근 씨가 자기 집 문패를 '행복이 꽃피는 집' 이라고 만들어 달았다. 그러자 오가는 사람들이 감탄하며 한 번씩 불러주었고 이때부터 좋은 일들이 연달아 생겨났다. 행복이 꽃피는 집에서는 사랑의 말, 기쁨의 말, 축복의 말이 나오고 그 말의 에너지가 온 가족의 세포 하나하나에 영향을 미친 것이다.

용서하면 행복해진다

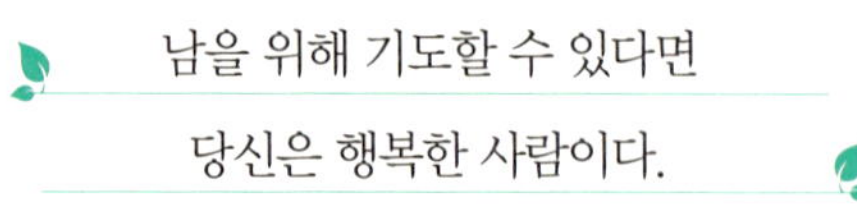

　병원에서 맥박호흡이 정지된 환자는 의사가 사망진단을 한 다음에야 안치실로 시체를 옮긴다. 여기서도 다시 살아나는 경우가 있어 종종 뉴스에 오르내리는데 현대의학으로는 설명이 불가능하다. 천주교에서는 죽음이 임박한 사람에게 신부님이 마지막으로 성사를 보아주는데 그것이 종부성사다. 종부성사는 살아온 날들을 돌아보며 자신이 지었던 죄를 고백하여 용서받고 영혼이 해방되는 중요한 행사다. 그런데 성사를 받은 이들 중에 절반이 다시 살아난다.

　몸과 마음은 하나라서 영혼이 살아나니 몸도 따라 살아나는 것이다. 영혼이 죽었으면 살아도 산 것이 아니요, 영혼이 살았으면 죽어도 산 것과 마찬가지다.

우리는 자기 몸에 아픈 곳이 있으면 가벼운 감기라도 곧장 병원으로 달려가 치료를 받지만, 정작 마음에 병이 들었을 때는 낫게 하려고 애쓰기는커녕 병을 감싸안고 키우기에 바쁘다. 원망, 증오, 미움 바이러스에 감염되면 시청각에 이상이 생기는 것은 물론 언어장애까지 생겨난다. 미움의 눈으로 보니 미운 놈이 하는 꼴은 뭐든지 다 밉상이고, 원망의 귀로 들으니 위로도 비꼬는 소리로 들린다. 세상에 온통 미운 놈, 원망할 놈뿐이니 입에서 좋은 말이 나갈 리가 없다. 이런 사람은 육신은 멀쩡할지라도 영혼은 중환자가 되어 죽어가고 있는 것이다.

예수의 가르침 중에 '원수를 사랑하라.'는 것은 가장 널리 알려진 말이다. 예수가 바보이거나 잘잘못을 따질 줄 몰라서 그런 말을 한 것은 아니다. 미움을 내려놓고 용서하고 감사하는 것이 자신의 병든 영혼을 치유하는 유일한 길이기 때문이다.

최근 TV에서 한 다이어트 전문병원 광고를 보았는데, 배와 팔뚝에 무거운 지방덩어리들을 매단 여자가 거울을 보며 숨쉬기도 힘들어한다. 그러더니 병원에서 다이어트를 하고 나올 때는 날아갈 듯 가뿐하고 날씬해져 자신감 있게 걸어 나오는 것이다. 인상적이었다.

미움에 집착하는 것은 광고 속의 여자처럼 쓸데없는 지방덩어리를 주렁주렁 매달고 사는 것과 마찬가지다. 용서하고 짐을 내려놓아

감사의 날

야 자유롭게 밝은 미래로 나아갈 수 있다. 이제부터 미운 사람이 있으면 그를 위해 기도하라. 나에게 시련을 준 사람은 나를 성장시키기 위해 온 스승이다. 그가 잘되기를 바라면 그 축복은 반드시 내가 먼저 받는다.

당신도 작가가 될 수 있다

작가에게 자신의 저서는 자기의 혈육과 같아서 누가 높이 평가해 주면 뿌듯해지고 평가절하하면 마음이 불편해진다. 그래서 보는 사람의 시각에 따라 작가들은 천국과 지옥을 오가게 되는 것이다. 나 역시 내가 펴낸 책을 읽고 메일이나 전화로 칭찬과 격려를 아끼지 않으면 힘이 생기고, 반응이 없으면 기가 죽는다. 나처럼 산전수전 다 겪은 사람도 그러한데 초보자들은 말할 나위가 없다.

2012년 7월 21일 '전국민 책쓰기 운동본부'가 창립되고 본부장으로 추대를 받았다. 그동안 많은 사람의 사랑을 받았으니 이제 그 사랑을 돌려주어야 할 차례가 된 것 같다.

지자체에서 생활수기 공모전을 열었는데 A지역 응모자가 부족해 담당 공직자가 숫자를 채우기 위해 자기가 쓰고 다른 사람 이름으로 제출했다. 그런데 예상밖에 그 작품이 대상을 받자 본인에게 그런 능력이 있다는 것을 뒤늦게 알게 된 것이다. 그는 정년퇴임 때 자신이 쓴 글을 모아 기념문집을 엮어 주위 사람에게 나눠주어 큰 호응을 얻었다.

〈엄마를 부탁해〉를 써서 세계적인 작가로 이름을 떨치고 있는 신경숙 작가도 조세희 작가의 〈난장이가 쏘아 올린 작은 공〉을 읽고 감동하여 이 소설을 수없이 필사하면서 작가의 에너지를 공유했다. 모든 것이 처음 한 권이 힘들지 1권을 내고 나면 10권, 100권도 식은 죽 먹기다. 첫째 권을 펴낼 때 10의 힘이 들었다면 둘째 권을 낼 때는 그 힘의 반에 반으로도 충분한 것이다.

한때 세상을 떠들썩하게 만든 책이 여류작가 황진경의 〈소설 목민심서〉다. 그러나 책이 나올 때까지 우여곡절이 많았다고 한다. 황진경 씨는 10여 년에 걸친 자료조사와 고증을 거쳐 〈소설 목민심서〉 5권을 집필하여, 책을 내줄 출판사를 찾아다녔다. 그러나 만나는 출판사마다 고개를 가로저었다. 그러나 어딘가 알아주는 출판사가 꼭 있을 것이라고 생각하며 계속 발품을 팔았다.

이렇게 하여 250번째로 만난 출판인이 삼진기획 김상익 사장이다.

김상익 대표는 원고를 가져가 밤새 읽고 감동하여 황진경 씨에게 새벽같이 전화를 걸었다.

"황 작가님. 쇠뿔은 단김에 빼야 합니다. 오늘 아침 바로 계약합시다."

그 소리를 들은 황진경 작가는 울컥 울음이 터져나와 더 이상 말을 잇기가 힘들었다.

'공든 탑은 무너지지 않는구나.'

김상익 사장이 다른 사업을 할 때 나는 매주 강의를 하러 가서 만난 적이 있는데, 보통 사람과 세상을 보는 안목이 남달라 긍정 에너지의 주인공임을 알아보았다.

"우리가 〈소설 목민심서〉를 계약했다는 얘기를 들은 다른 출판사 사장들은 김상익이 얼마 못 가 도산할 거라는 얘기들을 했답니다. 저는 확신을 가지고 있어 신문, 라디오, TV 광고까지 했지요."

"지금까지 몇 부가 팔렸습니까?"

"250만 부가 돌파되었고 꾸준히 나가고 있습니다."

"이 소설을 놓친 다른 출판사들은 가슴을 치겠군요."

"아닙니다. 안 된다고 하는 출판사에서 만들었다면 틀림없이 안 되었을 겁니다. 저는 된다고 확신했기 때문에 베스트셀러가 된 것입니다."

감사의 날

베스트셀러는 출판의 로또복권이라고 말한다. 명성과 부를 한 번에 거머쥐는 행운이 베스트셀러다. 〈주홍글씨〉로 일약 스타가 된 너대니얼 호손도 예외가 아니다. 직장에서 퇴직당하고 힘없이 집에 돌아오자 아내가 격려했다.

"당신은 늘 소설을 쓰고 싶어 했지요. 나는 당신 월급에서 매달 10%씩 떼어 별도로 저축했어요. 2년간 일 안 하고도 먹고살 수 있으니 이제 원하는 대로 소설을 써보세요."

책 쓰는 것을 대부분 어렵게 생각하는데 그런 걱정을 할 필요가 없다. 초등학교 때 일기를 써본 경험이 있거나 노트에 낙서를 해보고 편지를 써본 일이 있다면 글 쓸 자격은 충분하다. 나이든 어른들은 이런 말을 한다.

"내가 지나온 얘기를 책으로 쓰면 12권은 될 거다."

그렇다면 이미 12권의 책을 쓸 정신적 용량을 충분히 갖췄다는 얘기이다. 게다가 책 읽기를 좋아한다면 작가로서 충분한 소질을 가지고 있다고 볼 수 있다. 그러나 자신조차 자기능력을 몰라주기 때문에 실력발휘를 못 하고 있을 뿐이다.

평생여행권 주신 부모님께 감사하자

군부대 위문공연을 가면 '어버이 은혜'를 다 같이 합창하는데 젊은 병사의 눈시울은 어느새 붉어진다. 어버이는 나를 이 세상에 초대하고 오늘의 나를 있게 한 후견인이다. 부모님은 어느 세상에 계시든 최고의 수호신이다. 부모님의 부모님을 끝없이 거슬러 올라가면 맨 윗자리는 창조주의 자리여서 부모님을 기쁘게 하는 것이 곧 창조주를 기쁘게 하는 일이다.

'서수남 하청일 콤비'로 최고의 전성기를 달렸던 우리나라 대표 가수 서수남은 내가 방송에 매달려 있을 때 자주 함께했던 아끼는 후배다. 그후 기업체 강사로 본격적으로 활동하면서부터 만나지 못하다가 최근에 다시 만나니 이산가족 상봉처럼 반가웠다.

그동안 살아온 이야기를 나누다 보니 눈물 없이 들을 수 없는 파란만장한 일생이었다. 듀엣으로 활동하다가 하청일이 해외로 이민 가는 바람에 외톨이가 되어 방황할 때 한 후배가 조언을 했다.

"형님 정도면 노래강사로 큰돈을 모을 수 있습니다."

후배의 조언으로 홀로서기에 성공해 많은 돈을 벌었지만 철석같이 믿었던 아내가 재산을 전부 들고 사라져 연락을 끊고 말았다. 설마설마 하다 문득 정신을 차려보니 자신에게 남은 것은 수십 억의 빚뿐임을 알게 되었다. 충격으로 식음을 전폐하고 하루에도 몇 번씩 아파트 난간에서 하염없이 아래를 쳐다보는 자신을 발견했다.

"선배님, 내가 그때 우리 어머니 아니었으면 그냥 뛰어내렸을 거예요."

창밖을 바라보는 아들의 손을 꼭 잡고 80세 노모는 "너 죽으면 나도 죽는다."는 말도 하지 못한 채 하염없이 눈물만 쏟는 것을 보고 여생을 어머니를 위해 살기로 했다. 그때부터 어머니를 위해 글을 쓰고 노래를 부르고 춤을 추었다. 죽음의 문턱까지 갔다 돌아온 경험으로 '자살하지 맙시다' 라는 캠페인을 벌이기도 했다. 돌아가신 지가 2년이 흘렀지만 아직도 어머니의 은혜로운 그늘 아래서 살아가고 있다고 고백한다.

어머니라는 말만 나와도 눈물이 나는 자식이 어디 서수남뿐이겠는가. 너나없이 부모님 살아계실 때 효를 다하지 못함을 후회한다. 나 역시 어렸을 적부터 투병하느라 부모님에게 제대로 웃는 모습 한번 보여드리지 못했다. 그것이 아직까지도 마음에 짐이 되어 부모님 묘소를 찾아갈 때마다 이제라도 웃어 보이자고 마음을 굳게 먹지만 웃음은커녕 번번이 눈물만 보여드린다.

부모님이 아니었다면 나는 이 세상에 존재할 수 없다. 누가 유럽 9박 10일 여행권을 선물해도 두고두고 그 고마움을 잊지 못할 텐데, 90년, 100년 세상 여행을 보내주신 부모님의 은혜는 평생을 다해 갚아도 모자란 일이다. 사실 효도란 별것이 아닌지도 모른다. 부모 마음을 편안하게 해드리는 것, 살아계실 때 자주 전화하고 늘 웃는 모습을 보여드리는 것이 효도다.

현문출판사의 이기현 회장은 집과 사무실에 부모님 방을 별도로 만들고 실물 크기의 영정을 모셔놓고 수시로 찾아뵈어 마음속의 말을 전한다고 한다. 저세상에 가셨다고 부모님이 영영 사라진 것은 아니다. 부모의 마음이 항상 자식에게 있음은 살아계실 때와 마찬가지로 항상 대화하는 마음으로 살아가면 응답이 오기 마련이다.

감사의 날

정감 있게 이름을 불러줘라

생각하면 입가에 미소가 지어지는 아름다운 추억이 누구에게나 하나쯤은 있다. 소중한 추억을 오랫동안 기억하는 사람은 행복한 세상의 주인으로 살아간다. 그런가 하면 좋았던 추억은 망각하고 좋지 않은 추억만 오래 기억하는 사람은 사는 게 고통이다. 대뇌에 저장되어 있는 기억들이 자신에게 영향을 미치기 때문이다.

전직 국회의원 중에 오갈 데가 없어 불가마 찜질방에서 생활하는 사람들도 상당수이고, 원룸에서 자취하고 있는 사람은 불가마에서 생활하는 사람의 3배가 넘는다는 뉴스를 접했다. 현직 때는 얼마나 당당했던 사람들인가를 생각해 보자. 이들의 명단을 살펴본 한 3선 의원은 이런 말을 한다.

"막말을 주로 했던 분들입니다. 자기나 자기 당의 이익을 위해 위해 없는 말을 지어내고 악담·험담·중상모략을 했던 사람이 대부분인데, 자업자득自業自得이라고 생각되네요."

자기가 한 말이 자신에게 가장 많은 영향을 미치는데도 말버릇이 그렇다는 것조차 모르고 그것이 애국이라고 착각했는지도 모른다. 최고의 스타들도 떠도는 말의 상처를 견디다 못해 세상을 떠난 사람이 한두 명이 아닌데, 모든 업보는 결국 상처 주는 말을 한 그 사람에게 돌아간다.

초등학교 동창 중에 한 친구는 모임에 열심히 나와 학교 때 담임 선생을 향해 악담을 반복한다. 60년도 더 지난 상처를 지금껏 간직하고 그 상처를 뿌리고 다니는데 이 친구는 평생 불행을 안고 산다.

복을 짓는 말은 상대를 인정하고 힘을 북돋워주는 말이다. 그 중에서 으뜸은 상대방의 이름을 불러주는 것이다. 이름이란 평생을 좌우하는 가장 신성한 언어로 사랑의 마음을 담아 불러주어야 한다. 운동경기를 할 때도 슬럼프에 빠진 선수가 관중석에서 자신의 이름을 외치는 소리를 들으면 갑자기 힘이 솟는다고 한다.

이름을 기억하는 것은 사업이 성공하는 지름길이다. 서울 흑석동에서 세탁 전문점 크린토피아를 운영하는 장성원 씨가 그 대표적인

감사의 날

인물이다. 요즘 되는 사업이 없다고 하지만 잘되는 집은 꾸준히 잘되게 마련이다. 어느 가게든지 사람들이 몰려오면 성공하고 발을 끊으면 문을 닫아야 한다.

장성원 씨는 개인이 하는 크린토피아 중에는 가장 많은 고객을 확보했다. 3,000명 회원을 확보하면 성공했다는 얘기를 듣는데 그의 점포를 이용하는 회원은 6,000명이 넘는다. 이 지역에 살다가 다른 지역으로 이사를 간 고객도 세탁할 물건은 이곳까지 직접 와서 맡기는 것이다.

"저는 고객 이름을 한 분 한 분 기억했다가 불러주는데 너무 좋아하세요. 제가 기억하는 이름은 대략 3,000명은 넘을 겁니다. 고객은 저와 같은 식구니까 고객의 이름을 기억하는 것은 의무입니다."

그는 세탁소에 한 번 들른 사람의 모습을 마음속에 그리고 단어 외우듯 몇 번 반복해서 부른다. 그리고 잠자기 전에 오늘 왔던 고객 하나하나의 얼굴과 이름을 떠올리며 감사기도를 한다. 그것이 바로 사랑의 힘이다. 여자들은 결혼한 다음 이름이 없어지고 누구 엄마로 변하게 된다. 아내의 이름을 정감 있게 불러주자. 신혼의 사랑으로 돌아가게 된다.

격려의 한마디가 성공의 열쇠다

우리의 삶에는 언제나 승부가 결정되는 순간이 있다. 그런데 현재 어떤 상황이냐보다는 어떤 사람을 만나느냐로 결정이 된다. 〈토정비결〉을 보면 "동쪽에서 귀인이 나타나…"라는 대목이 나온다. 귀인貴人은 바로 희망과 자신감을 불러일으키는 사람을 말한다. 2002년 한일 월드컵의 귀인은 히딩크다. 우리가 그를 만나지 않았다면 우리에게 위대한 능력이 있다는 것도 몰랐을 것이다.

6·25 동란 때 우리는 밀리고 밀려 대구와 부산을 빼고는 거의 함락된 상태였다. 그러나 이런 와중에서도 배움의 끈을 놓지 않으려고 만든 것이 전시 천막학교다. 공터에 천막을 치고 그 안에 칠판 하나가 있으면 강의장이 되었다. 서울대학교 천막학교에는 〈논개〉의 시

인 수주 변영로 선생이 강의를 해주었는데 많은 인기를 끌고 있었다. 그런데 거의 날마다 이 학생 저 학생에게 '오늘이 내 생일이다.' 하며 접대를 받는다는 얘기가 떠돌자 학생회장이 따졌다.

"모두들 힘든데 왜 학생들에게 날마다 생일이라며 접대를 받습니까?"
"자네도 알고 있었나?"
"교수님 빼고는 모르는 사람이 어디 있겠습니까?"
"그런데 내가 무슨 잘못을 했다는 얘기인가?"
"날마다 생일이라니 말이 됩니까?"
"살아 있는 날이 생일이지. 죽었다면 제삿날이야."

'생일잔치'는 변영로 교수가 삶에 회의를 느끼고 삶을 포기하려는 학생에게 희망을 안겨주려고 일대일 면담을 갖기 위해 만든 작전이었다. 그때 그 학생들이 서울대는 물론 대한민국을 이끌어가는 견인차가 되었음은 말할 나위가 없다.

귀인은 덕담을 해주는 사람이다. 교회에 가면 목사님이 축도를 해주는데 많은 사람들이 감동하여 눈물을 흘리는 것은 가슴속에 희망을 심어주기 때문이다. 덕담은 내면의 잠재능력을 일깨우는 말이어서 중요한 시기에 덕담 한마디로 인생이 달라지는 경우는 얼마든지 있다.

만년청춘의 고상순 씨는 모임에 가면 특유의 파워풀한 발성으로 "만세 만세 만만세~"를 불러 모임의 분위기를 고조시키고 강력한 에너지를 불어넣어준다. 에너지란 공유하는 것이어서 강력한 에너지를 가진 사람은 자신뿐 아니라 주위에 그 좋은 기운을 전파시킨다. 그가 위너스 카드삼성카드 상무로 있던 시절, 신입사원 교육이 끝나고 캔미팅에 참석했다. 보통 이런 일에는 임원이 참석하지 않는데 그는 한 사람 한 사람에게 악수를 청하며 축하해 주다가 위수복魏守福 사원 앞에 서서 물었다.

"자네 이름은 뭔가?"
"위수복입니다."
"어떻게 쓰지?"
"나라 위, 지킬 수, 복 복 자입니다."
그러자 바로 이렇게 말했다.
"자네는 위너스를 지키는 복덩어리일세."

이 정도면 대단한 순발력이다. 이름풀이로 메시지를 받은 당사자는 눈빛부터 달라질 수밖에 없다. 기업의 임원은 군대의 장성과도 같다. 20여 년이 흐른 지금 상무로 승진한 위수복 씨는 그 옛날 자신에게 덕담을 해주었던 고상순 씨처럼 후배들에게 희망과 용기를 심어주고 있다.

말이라고 다 같은 말이 아니다

가치 있는 말만이 가치 있는 인생을 만든다.
거짓에 현혹되지 말자.

포털사이트에 '거짓말'이라는 노래 제목을 검색해 보면 가요만 총 713건이 나온다. 아마 수식어나 종결어미를 포함시킨다면 그 수는 훨씬 더 많아질 것이다. 내가 기억하는 노래는 김추자의 '거짓말이야'다. 이 곡은 당대 최고의 히트곡으로 처음부터 끝까지 '거짓말이야'를 외치는데, 애처로운 이 노래가 사람들의 마음속에 그토록 호소력을 불어넣은 이유는 무엇이었을까.

최근 '거짓말이 건강에 어떤 영향을 미치는가?'에 관한 연구 결과가 나와 화제가 되었다. 미국 노트르담대학 연구팀은 18~71세의 성인남녀 110명을 대상으로 10주간 거짓말 횟수와 건강상태를 확인했다. 거짓말을 통제한 그룹은 평소보다 일주일 평균 3회 정도 거짓말을 덜했고 그에 따라 인후염, 두통 등 신체적 통증은 평균 3회 감소했고, 긴장과 우울 등 정신적 통증은 평균 4회 줄어들었다. 솔직함이 불안과 긴장을 감소시킨다는 사실이 밝혀진 것이다.

이번 연구를 진행한 노트르담대학 심리학과 애니타 켈리 교수는 "거짓말을 하지 않는 것과 건강은 확실한 관련이 있다."고 했다. 뉴욕 레녹스힐병원 정신과 브라이언 브루노 박사는 "거짓말은 정신적 스트레스를 주기 때문에 불안과 우울증을 일으킨다. 진실함은 인간관계뿐 아니라 스스로에게도 좋다."고 했다.

우리나라는 문화·예술적인 면에서 세계에 내로라할 수준까지 성장했지만, 아직까지 후진국을 면치 못하는 부분은 국민들 사이의 신뢰도다. 신뢰를 가늠하는 기준은 말과 행동인데 우리는 특히 말로 남에게 해를 끼치고도 해를 끼쳤다는 것조차 모른다.

대표적인 족속이 사기꾼이다. 뜯어먹을 거리가 있는 사람이라는 것을 알면 친분을 쌓기 위해 용의주도하게 접근해 신임을 얻은 다음 달콤한 말을 속삭이는데 대부분 정년퇴직을 한 교장이 낚싯밥에 걸려든다. 교장의 신임이 있는 제자를 포섭하여 자기 회사(?)의 임원 명함을 만들어주고 교장을 초청해 회사를 안내하고 만찬까지 베풀어준다. 여기 임원들은 출퇴근용 승용차를 제공한다는 얘기도 빼놓지 않는다.

한두 달쯤 지나 친분을 쌓으면 솔깃한 재안을 한다. 퇴직금을 그

감사의 날

대로 두면 언젠가는 휴지 조각이 되는데, 자기 회사에 출자하면 봉급 이외에 고금리 이자까지 준다며 투자를 받아낸다. 그 다음 며칠 후에는 완전히 종적을 감추는 수법이다. 강남의 멋진 빌딩에서 이런 일이 비일비재하게 일어난다. 결국 돈 잃고 사람 잃고 정신까지 잃게 만드는 게 사기꾼들이다.

선거철만 되면 서로 상대 후보를 깎아내리려고 있는 말 없는 말을 지어낸다. 그 소리를 듣고 기자들은 얼씨구나 기삿거리를 삼아 사실 확인도 없이 쓴 '~카더라' 소식통이 포털사이트에 흘러넘친다. 조회수가 많아야 하니 제목은 더욱 자극적으로 뽑는다. 그걸 본 독자들은 '세상에 믿을 놈 하나 없다.'고 욕하면서도 부지런히 들어가 읽고 여기저기 자기 생각까지 덧붙여 퍼다 나른다. 이러한 잡스러운 소리가 진짜인 양 퍼져 국가의 미래를 결정하는 선거의 판도까지 달라지게 만든다.

말 같지 않은 말은 무시하는 게 상책인데 누구도 문제제기를 하는 사람이 없이 그걸로 발표를 하고 기사를 쓰고 읽고 듣고 말하는 사이에 온 나라가 잡소리 천국이 되었다. 하지만 잘못했다는 생각이나 죄책감을 느끼는 사람이 없다. 오히려 웬만한 소리에는 익숙해졌는지 점점 더 자극적인 거짓말들을 생산해 내고 있다.

입에서 나가는 말이라고 다 말이 될 수는 없다. 세상을 살맛 나게

하는 말, 사람들에게 깨우침과 희망을 주는 말만이 가치 있게 대접
받는 사회가 되어야 한다. 잘나가던 사람도 말 한마디 잘못해서 매
장당하는 세상이고 보면 진실된 말이 아니면 하지도 말고 듣지도 말
고 옮기지도 말아야 한다. 그것이 개인의 건강뿐 아니라 가정과 사
회, 국가의 건강을 지키는 지름길이다.

어려움은 신의 축복이다

힘들다는 것은 힘이 들어온다는 얘기다.
힘들면 기뻐하라.

인성 교육이 안 되면 인심人心은 실종되고 그 대신 수심獸心이 생겨난다. 요즘 말 꼬투리 하나 잡아서 서로 으르렁거리는 이름 있는 사람들을 보면 인성의 중요성을 뼈저리게 느낀다. '사람이면 다 사람이냐 사람다워야 사람이지.'라는 옛 어른들의 말씀을 다시 한 번 읊조리게 된다.

모든 교육은 가정에서 비롯되는데 자녀에게도 '공부해라', '밥 먹어라'가 유일한 대화인 것도 문제다. 서로 들어주고 맞장구치는 가정에는 웃음이 넘치지만, 자기 말만 하고 귀를 닫는 집에서는 고함 소리만 높아진다. 웃음이 꽃피면 어떤 어려움도 극복되지만 웃음이 실종되면 작은 문제를 가지고도 어려움이 닥친다.

태권도 8단의 이용영 씨는 태권도계의 알아주는 사람이다. 그런데 태권도를 잘한다고 해서 사업을 잘하는 것은 아니어서 하루아침에 집과 전 재산이 날아가버리고 빚더미에 올라앉아 셋방을 전전했다. 가장으로서 가족에 대한 미안함은 이루 말할 수 없었다.

"너희들을 볼 면목이 없구나. 애비 잘못 만난 죄로 고생만 시키니."

"아버지가 남들처럼 도박과 술 담배를 하신 것도 아니잖아요. 오히려 저희가 미안하지요. 우리가 아니면 덜 고생하실 텐데…."

다행히 아이들은 어려운 형편에도 굴하지 않고 잘 자라주었다.

나이가 들면 쓰러지기는 쉬워도 일어서기는 힘들다는 것을 모를 리가 없다. 50세가 되던 해에 그는 큰 깨달음을 얻었다. '이런 상태에서 발버둥쳐도 아무런 도움이 안 된다. 어려움을 극복하려면 지금보다 더한 상황도 겪고 이겨야 한다.' 매년 연초에는 공수특전단 캠프가 열린다. 모두 두려워하는 훈련인데 큰 마음먹고 신청하자 대입 준비 때문에 눈코 뜰 새 없이 바쁜 고3 딸 소연이가 끼어들었다.

"아빠. 저도 같이 참가할게요."

"시간을 낼 수 있겠니?"

"젊어 고생은 사서 한다는데요 뭘…."

이렇게 해서 아버지와 딸은 나란히 공수특전단 캠프에 입소했다. 입소자의 대부분은 20대였고, 고령자는 자신을 포함해 강지원 변호사, 김한태 교장, 권선복 행복에너지 출판 대표로 4명뿐이었다. 팔팔한 청춘들도 힘들다고 도중에 퇴소하는 힘든 훈련이었지만, 그는 딸 앞에서 아버지의 위상을 떨어뜨리지 않으려고 젊은이들보다 더 열심히 임했다. 고공낙하 훈련, 화생방 훈련 등은 특별히 자원해서 한 번씩 더 받았다. 무엇보다 딸 소연이와 함께 하다 보니 힘들기는커녕 행복이 샘솟고 자랑스러웠다. 교육이 끝나자 훈련생 대표로 여단장 표창을 받았다.

"저에게는 대통령 훈장보다 더 값진 표창이었습니다. 저 자신을 이긴 인간승리의 증서이기 때문입니다. 요즘 취업이 안 된다, 직장에서 퇴출되어 할 일이 없다 등등의 신세한탄을 하는 사람들도 많지요. 나는 이런 분들에게 자기를 이기는 훈련을 강력히 권합니다. 적은 외부에 있는 것이 아니라 자기 내부에 있기 때문이에요. 하다 못해 번지점프라도 해보십시오. 놀라운 결과가 나타날 것입니다."

이용영 씨는 그후 각 기업체와 학생들에게 자신감 높이는 교육과 체력단련 훈련을 시키는데, 그의 교육을 보노라면 묘기대행진 프로를 보는 것처럼 재미있다. 불멸의 무술 스타 이소룡이 영화에서 보여주었던 엄지손가락만으로 푸시업하기나 500m가 넘는 만리장성 꿈 노트는 남들이 상상도 못 하는 묘기다.

자신을 이기고 난 다음부터 그는 호랑이가 날개 단 것처럼 펄펄 난다. 그러면서 그가 개발한 프로그램이 '행복 태권도' 다. 전세계 202개의 나라에서 몸과 마음을 단련하는 최고의 운동인 태권도가 오히려 종주국의 성인들에게 외면당하고 있는 현실이 안타까웠다고 한다. 또한 올림픽 정식종목에서 퇴출시키려는 일본의 가라테와 중국의 우슈 공격에 맞서 우리 국민 모두가 꼭 함께 지켜가자는 마음으로 '행복 태권도' 의 전도사가 된 것이다. 그가 가는 강의장은 모두 행복 태권도장으로 변하는데 다이어트 태권도, 치매예방 태권도, 도미노 태권도 등으로 재미와 열정이 넘쳐서 해외까지 소문이 났다. 가수 싸이의 '강남스타일' 의 말춤은 태권도의 기마자세에서 빌려온 것이고 보면 태권도를 배워 응용할 수 있는 내용도 무궁무진하다.

신은 인간에게 견딜 만큼의 시련을 안겨준다. 이를 알고 도전하면 승리자가 되고, 두려움으로 도피하면 패배자가 된다.

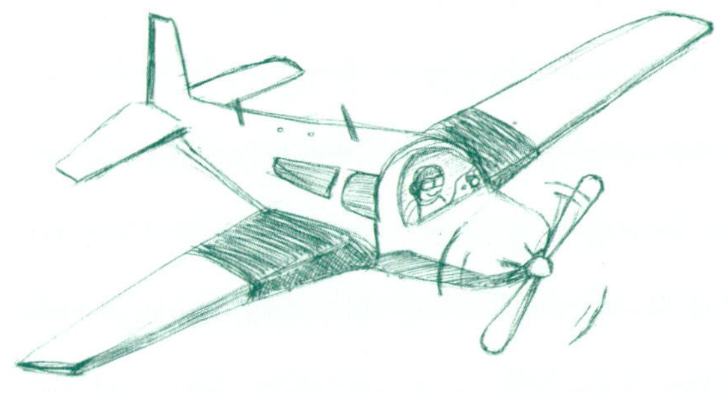

우사인 볼트처럼 빠른 선수도 한 번에 한 걸음씩밖에 걷지 못한다. 한 걸음 한 걸음 정성들여서 걷는 사이에 위대한 족적을 남기게 되는 것이다. 처음이 늦다고 한탄할 것도 없고 빨리 출발했다고 좋아할 것도 없다. 모든 일이 그렇다. 탄력을 받을 때까지는 미래도 불투명하고 수익성도 기대하기 힘들다 보니 돈 안 되는 일은 하지 않으려고 꾀를 부리고 적당히 해치운다. 이렇게 하다 보면 개점 휴업이 될 수밖에 없다.

건강의 날

식물과 대화하자

식물과 대화를 해보자.
새로운 세상과 만나게 된다.

대화는 인간과 인간이 하는 것만은 아니다. 식물과도 대화를 한다. 창덕궁에 있는 향나무의 수령은 700년으로 이 나무의 성장에 얽힌 기적 같은 일이 널리 화제가 되고 있다. 향나무는 본래 어느 정도 자라면 베어서 가구를 만들거나 제사 때 향을 피울 목적으로 키우지만, 창덕궁의 향나무는 뒤틀리고 꼬인 모양새 때문에 어디에도 쓰이지 못했다.

그러나 궁 안에서 수백년 온갖 풍상을 겪으면서도 살아남은 향나무는 문화재 자료로 가치를 인정받아 1968년 3월 4일에 천연기념물 제194호로 지정되었다. 그 당시 나무의 키는 6m였는데 2012년 현재는 12m가 되었다. 700년 동안 6m 남짓 자란 나무가 44년 만에 두 배나 성장한 것이다. '못생긴 나무'라는 말을 들을 때는 1년에 1cm씩 자랐는데, 천연기념물로 지정되자 "우아, 천연기념물이라 그런지 모양새도 독특하네!" 하는 감탄과 칭찬을 들으며 좋은 에너지를 받아 쑥쑥 자란 것이다.

집에서도 식물과 대화를 할 수 있다. 양파를 두 개의 컵에 각각 심고 한쪽의 양파에게 '잘 자라라' 마음을 보내고 또 다른 컵의 양파에게는 무관심하게 대한다. 이렇게 한 달쯤 지나면 '잘 자라라'고 한 양파만 쑥쑥 자란 것을 볼 수 있다.

박정희 대통령 시절 발명가 박인호 씨는 열효율이 높은 보일러를 발명했다. 이 무렵 대부분의 보일러는 연료 소모는 많지만 그에 비해 열효율이 높지 않아 난방비가 비쌌는데, 박인호 씨가 열효율을 획기적으로 높인 보일러를 발명하자 불티나게 팔렸다. 그후 공장을 무리하게 증설하다 사업이 위기에 처했고, 박정희 대통령 시해사건으로 민심이 흉흉해지자 기업들도 줄줄이 도산했다.

성장할 때는 하루아침에 이 나라의 돈을 다 끌어모을 것 같지만 쓰러질 때는 빛의 속도로 무너지는 게 기업이다. 이렇게 해서 공장과 살던 집까지 경매로 넘어가 오갈 데가 없어지자 박인호 씨 부부는 보따리를 싸들고 길거리를 하염없이 걸었다고 한다. 그때 껍질이 다 벗겨지고 제대로 자라지 못해 흉물스러운 몰골의 가로수를 보자 자신도 모르게 나무를 끌어안고 눈물을 흘렸다.

"너는 어쩌다가 이렇게 헐벗고 흉한 몰골이 되었느냐?"

그 순간 나무가 하는 말이 가슴을 울렸다.

"사람들이 돌봐주기는커녕 발로 차고 껍질을 벗겨서 이 모양이 되었지요."

그 순간 박인호 씨는 갑자기 세상이 밝아짐을 느꼈다.

'그래, 너희들을 위해 내가 할 일이 있구나.'

이렇게 해서 가로수 보호대를 발명하게 되었다. 요즘 도심의 가로수는 모두 보호대가 설치되어 도심미관뿐 아니라 성장촉진에 큰 영향을 준다. 이렇게 해서 박인호 씨는 10층짜리 발명 빌딩을 지어 입주했는데, 76세가 된 지금까지 총 1,000여 종이 넘는 발명특허를 가지고 있다. 인생의 벼랑 끝까지 가본 그는 헐벗은 나무와 대화를 통해 '나무 생명 살리기'의 주역이 되었다.

나는 부자다

은행통장에 수천억 원이 있어도 생명통장의 잔고가 없어지면 세상과 작별하게 된다. 황희 정승은 일식 삼찬으로 살면서도 90세를 사셨고, 분서갱유의 진시황은 불로초를 구하려 사람을 풀었지만 50세를 넘기지 못했다. 많은 사람들은 은행통장에만 신경 썼지 생명통장이 있다는 것은 생각지도 못한다.

어릴 적부터 병을 달고 살았던 나는 논산훈련소에 들어가서도 계속 건강상태가 나빴다. 하지만 끝까지 버텨 훈련소 생활을 마쳤고, 부대 배치가 되자 경주 18육군 병원으로 후송되었다. 18육군 병원은 90%가 결핵 환자들인데 병실에서는 어제까지 멀쩡하던 환자가 거의 날마다 하나둘씩 들것에 실려 나갔다.

1961년 5월 26일 아침, 스피커를 통해 안내방송이 반복해서 울려 퍼졌다.

"오늘은 충성교회에서 대부흥회가 있사오니 많은 참석바랍니다."

나는 그 소리를 듣는 순간 가슴이 뜨거워지고 눈물이 번졌다. 그날은 바로 내 생일이었다.

'아! 하나님이 나를 만나시려고 이 날을 선택하셨구나.'

나는 혼자 가기가 힘들어 옆 병상 친구를 꼬드겨 교회에 갔는데 군의관과 행정병들이 대부분이었다. 예배가 끝나자 종이를 한 장씩 나눠주며 헌금액수를 적어 제출하란다. 이때 봉급이 130원으로 자장면 한 그릇 값이다. 이 돈으로 매달 자장면 한 그릇 사 먹는 것이 유일한 낙이었는데, 같이 간 친구가 볼멘소리를 한다.

"너 때문에 이번 달은 자장면 못 먹잖아?"

나 역시 난감해지는데 번개처럼 아이디어가 떠올랐다. 명찰을 단 것도 아니니 가명을 써내도 되겠다는 생각에 '홍길동'이라 쓰고 그 친구는 '을지문덕'으로 쓰게 했다. 이제는 금액을 써야 한다. 헌금자가 홍길동인데 구태여 130원을 낼 이유도 없다. 이 무렵에 '만약에

100만 원이 생긴다면…' 하는 노래가 유행했는데 내 생각으로는 최대의 금액이어서 홍길동 아래 100만 원이라고 쓰고 을지문덕에게도 100만 원을 쓰라고 알려줬다.

얼마 지나지 않아 전방에서 갑자기 많은 환자들이 후송되는 바람에 침상 하나에서 2명씩 자게 되었고, 다시 환자가 쏟아져 들어와 이번에는 3명이 칼잠을 자게 되었다. 그러자 회생이 어렵다고 판정받은 환자들은 고향으로 돌려보냈다. 나도 거기에 끼어 고향으로 돌아오게 되었다. 그런 상태에서도 죽지 않고 살아서 방송과 강연을 하러 다니는 동안 10년이 훌쩍 지났는데, 어느 날 까맣게 잊었던 '100만 원 사건'이 떠올랐다. 교회에 안 나가도 약속은 약속이라는 생각에 여기저기 자문을 구했더니 서로 자기 교회로 가지고 오면 된다는 것이다.

그러는 사이에 나름대로 해답이 나왔다.

하나님은 이 세상에 힘들고 어려운 사람을 위해 오셨다. 그렇다면 가장 힘든 사람들을 위해 사용해야 하는데, 가장 힘든 사람은 감옥의 재소자들이다.

이 무렵 반혁명 사건으로 사형을 받았던 이인수 대령이 정기적으로 다과를 사 가지고 가서 재소자들을 교육시킨다는 것을 알고 그를 만나서 물었다.

"한 번 갈 때 돈이 얼마나 들어갑니까?"
"50만 원 정도…."
"그 돈은 어디서 마련합니까?"
"누가 주면 그 돈으로 하고 아니면 아내 패물도 팔아요."
"두 번 다녀오실 수 있는 비용입니다. 값지게 써주세요."

부채 정리(?)를 하고 나니 홀가분했는데, 며칠 지나고 생각하니 그 동안 연체 이자가 얼마인가를 생각하니 식은땀이 났다.

이때부터 나를 위해서는 거의 돈을 쓰지 않았지만 하루하루가 즐거웠다. 남들은 재산이 얼마이고 아파트가 몇 채니 하고 자랑하지만 나의 재산은 물질 대신 기쁨재산 행복재산이었다.

그후부터 건강도 좋아지고 모든 일이 놀랍게 발전했다. 각 방송마다 2~3개씩 프로가 주어지고, 나의 글이 각 신문과 잡지에 연재되는가 하면, 출간되는 책마다 모두 흥행에 불이 붙었다. 주위에 건강했던 친구들은 대부분 세상을 떠났지만 생존 가능성이 희박하던 나는 하루가 다르게 좋아지는 것이다.

얼마 전 2011년을 빛낸 도전 한국인 10명에 반기문 유엔 사무총

장, 사랑의 쌀 나누기 운동본부 이선구 이사장, 미국 상원 5선 의원
인 신호범, 야구선수 박찬호 등과 함께 뽑히는 영광을 얻었다. 가장
자랑스러운 것은 111번째 저서 〈흥하는 말씨 망하는 말투〉가 베스트
셀러가 되고 2012년 진중문고 도서로 선정되었다는 점이다. 우리의
희망인 국군장병들이 이 책을 통해 변화되고 있다는 내용의 이메일
과 전화를 받을 때마다 나는 감동으로 눈물이 날 정도다. 육군항공
부대 여단장이 우리 사무실을 방문해 부대원들을 위한 특강을 요청
하기도 했다.

나는 행복으로 하루를 마감하고 기쁨으로 눈을 뜬다.

생명통장은 기쁨·감사·감동으로 잔고가 늘어나고, 원망·불평·불
만으로 잔고가 줄어든다.

이상헌의 행복한 부자 되는 법 50

부자는 저절로 만들어지는 것이 아니다. 큰부자는 하늘이 내고 웬만한 부자는
방법만 터득하면 가능하다. 돈 모으는 법은 직업·성별·학력·나이에 상관없
어 수입보다는 돈을 어떻게 굴리느냐가 더 중요하다. 돈을 운용하는 전략만 터
득하면 노후 준비도 걱정 없다.

01. 마음을 태양처럼 밝혀라. 밝음 속에는 어둠이 깃들지 못한다.

02. 신념과 열정에 불을 붙여라. 돈도 여자도 뜨거운 것을 좋아한다.

03. 웃음꽃을 피워라. 웃는 얼굴은 만복을 끌어당기는 에너지원이다.

04. 구체적인 돈의 목표를 세워 기록하라. 목적지 없는 배는 출발조차 못 한다.

05. 목표를 이룬 상태를 마음속에 3D로 그려라. 마음속 그림이 현실화된다.

06. 책과 신문, 방송을 통해 경제공부를 하라. 알아야 면장도 하는 법이다.

07. 지갑은 돈이 사는 아파트다. 최고의 아파트에 입주시켜라.

08. 종잣돈부터 만들어라. 눈덩이도 뭉쳐야 굴릴 수 있다.

09. 돈 때문에 안달복달하지 말라. 돈도 편한 사람을 좋아하다.

10. 값지게 돈을 써라. 돈도 자기를 귀하게 써주기를 원한다.

11. 부모에게 효도하라. 효자는 하늘에서 백 배 천 배로 갚아주신다.

12. 긍정 에너지의 사람과 친분을 쌓아라. 운세도 공유하게 된다.

13. 돈이 재산이 아니라 사람이 재산이다. 인맥 형성은 보험 들기와 같다.

14. 돈도 사람처럼 마음이 있다. 돈의 심리를 알려면 사람 마음을 꿰뚫어라.

15. 좋은 아이디어는 곧 바로 메모하라. 인생역전은 로또 당첨만이 아니다.

16. 남의 험담을 하지 말라. 험담을 자주 하는 사람은 재수 옴 붙는다.

17. 부지런하라. 게으른 부자는 약에 쓸려고 해도 없다.

18. 약 중에 최고의 약은 절약이다. 먹은 셈치고 입은 셈치면 통장이 배부르다.

19. 감(感)을 발달시켜라. 육감은 나는 새도 떨어뜨린다.

20. 신용을 지키면 이자로 살고, 약속 어기면 빚내서 산다. 신용은 잃지 말라.

21. 남을 속이고 이용하지 말라. 사기꾼은 천벌이 기다린다.

22. 지나친 욕심은 깡통 차는 지름길이다. 허욕의 불을 꺼라.

23. 시간은 차용도 저축도 안 된다. 철저히 관리하라.

24. 써야 할 곳에는 1억 원도 껌값이다. 안 써도 좋을 곳에는 1,000원도 많다.

25. 우선순위를 정해놓고 사용하라. 원칙이 있어야 돈도 따른다.

26. 돈 모으는 것도 게임이다. 즐기면서 하라.

27. 부정적인 사람은 들어온 운도 까먹는다. 악성 바이러스를 멀리하라.

28. 투자할 때는 타당성을 꼼꼼히 따져보라. 독불장군은 일을 그르친다.

29. 티끌 모아 태산은 동서고금의 진리다. 푼돈을 우습게 보지 말라.

30. 불평·불만·비난·원망은 자살골이다. 불조심보다 말조심을 먼저 하라.

31. 건강이 모든 복을 끌어당긴다. 병들고 힘없으면 왔던 돈도 도망간다.

32. 힘들 때 감사하라. 겨울이 추우면 봄에 더 많은 과실이 열린다.

33. 남을 위하라. 그것이 나를 위하는 길이다.

34. 개와 여자와 돈은 속성이 같다. 쫓으면 도망가고 기다리면 달려온다.

35. 지혜를 갈고 닦아라. 지혜가 없는 사람에게는 동쪽이 서쪽이다.

36. 신체·의복·주거를 깨끗이 하라. 깨끗한 곳에 재물이 모인다.

37. 미운 사람에게 베풀어라. 돈도 자신의 그릇 크기만큼 들어오는 법이다.

38. 투자와 투기는 뿌리부터 다르다. 길게 멀리 내다보라.

39. 부자가 되려면 부자의 말과 행동을 배워라. 부자가 된 사람은 그럴 만한 이

건강의 날

유가 있다.

40. 행복이 최우선이다. 행복은 모든 소망을 성취시키는 원동력이다.

41. 기대수익이 높으면 그만큼 리스크도 크다. 감당할 수 있는 선을 지켜라.

42. 절대자와 거래하라. 복도 화도 그분이 관장한다.

43. 내 이웃을 사랑하라. 모두가 돈보다 큰 재산이다.

44. 말이 곧 기도다. 언제나 기도하듯 말하라.

45. 남들처럼 해서는 부자가 되지 못한다. 한 발 더 앞서 가라.

46. 넘어졌다고 실패한 게 아니다. 일어서지 않음이 실패다.

47. 일찍 피는 꽃은 일찍 지고 늦게 피는 꽃은 늦게 진다. 조바심하지 말라.

48. 흥부는 복을 받고 놀부는 벌을 받았다. 인과응보의 원리를 터득하라.

49. 공이 날아오는 순간 때려라. 그래야 홈런이 나온다.

50. 돈이 가는 길목을 지켜라. 돈이나 사람이나 가는 길이 따로 있다.

하루 5분 인생수업

감기가 나를 살렸다

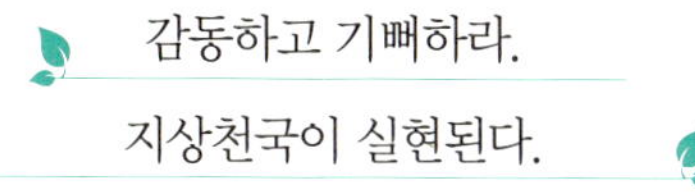

60세가 될 때까지 해도 술 근처에만 가도 심장이 방망이질을 하고 호흡이 곤란했다. 모든 기능이 바닥까지 내려간 증거다. 나는 죽음과 보조를 맞춰 살아가면서도 두려움을 갖기보다는 지금껏 살아 있음에 감사하며 지내왔다. 몸부림친다고 살아나는 것이 아님을 알기 때문이다.

나는 의사의 말에 귀 기울이기보다는 마음의 소리에 맞춰 살아왔기에 마음은 언제나 강물처럼 잔잔하게 흘렀다. 〈세계일보〉 '이상헌의 사는 얘기'는 우리 주변 사람들의 아름답고 훈훈한 얘기를 쓴 칼럼인데, 500여 회를 연재하는 동안 놀라운 변화를 체험했다. 수십 년간 쓰고 다니던 안경이 어느 날부터 맞지 않아서 벗으니 오히려 잘

보였다. 좋은 글을 읽고 좋은 글을 쓰고 좋은 말을 전하며 살다 보니 시력부터 좋은 방향으로 변하기 시작한 것이다. 지금도 그때 쓰던 안경을 소중히 간직해 사무실에 지인들이 오면 써보라고 권하는데 다들 어지러워 고개도 못 든다. 한 번 나빠졌던 눈이 좋아지기는 거의 불가능한 일인데, 생각해 보면 이것이 바로 신체 기능이 살아나고 있다는 증거라는 생각이 들었다. '몸이 천냥이면 눈은 구백냥' 이란 속담을 떠올리면 즉각 해답이 나온다.

이때부터 나는 쉬지 않고 일하면서 몸의 소리에 귀 기울이며 타협을 했다. 배고프면 먹고 피곤하면 어디서나 눈을 감고 절대 안정을 취한다.

나의 건강비법 중 하나는 좋은 물이다. 물에는 생명의 원소가 들어 있기 때문이다. 양애란 씨는 음식을 일체 입에 대지 않고 물만 먹고 살아서 화제가 되었다. 나와 친분 있는 기자가 이분을 해외에까지 따라다니며 약 40일간 동행취재해 〈양애란 이야기〉라는 책을 썼는데, 그 책을 읽으며 많은 감동을 받았다. 사람이 사는 것은 약도 아니고 음식도 아니며 오로지 물이다. 옛날 학자들이 폭포 밑에 살면서 장수한 얘기는 잘 알고 있다.

자기의 딸이 아토피 때문에 공부는 물론 일상생활 자체를 힘들어 한다는 한 교수의 말을 듣고 나의 사무실에 있는 물을 떠다 먹게 했다. 그런데 며칠 안 돼 놀라울 정도로 좋아졌다고 인사를 한다. 약만 약이 아니라 물도 약이다.

건강은 타고나야 한다는 말이 일리는 있지만, 더 중요한 것은 몸 관리 마음 관리다. 관리비는 아파트나 사무실을 관리하는 데만 들어가는 비용이 아니다. 자신의 건강을 관리하는 데도 비용이 들며, 어떻게 관리하느냐가 중요하다. 젊은 시절 천하장사 같았던 친구들이 지금은 대부분 만날 수 없는 곳으로 일찍 떠나가고, 골골하던 나는 하루하루 좋아지는 것도 바로 건강관리 방법에 있다.

집필하거나 면담하다가도 피로가 오면 잠시 소파에 누워 눈을 붙이고 충전되면 다시 일한다. 화내거나 흥분하지 않고 좋은 생각, 감동적인 생각, 고마움을 끊임없이 되새김하는 것도 나의 건강관리 비결이다.

어려서 몸이 아파 수시로 죽을 듯한 통증이 찾아왔는데, "나 죽을 것 같아요." 하면 어머니는 위로 대신 처방을 내주셨다.

"죽는다는 그 말 때문에 죽는다. 견딜 만하다고 해라."

아무리 힘든 일도 할 만한 일이요 견딜 만한 일들이다. 나는 방송 생활 때문에 여의도로 이사해 30년을 살다가 이제는 집필을 전문적으로 하기 위해 서울대 쪽으로 이사를 했더니 독지가가 집 근처에 사무실까지 마련해 주었다. 밤중에 자다가 깨서 거실에 나가면 관악산이 그림처럼 한눈에 들어오는데 내가 있는 곳이 바로 천국이라고 느껴진다. 이렇게 아름다운 곳에 살고 있다는 생각을 하면 감동이 솟구친다. 이곳에 온 다음부터 모든 일이 꽃처럼 활짝 피어나는 것은 다름 아닌 '감기' 때문이다. '감기'란 감동과 기쁨의 합성어로 내가 만든 말이다. 나의 인생을 함축하는 이 말을 만들고 나니 더 큰 감동과 기쁨이 폭포처럼 쏟아진다.

미래를 준비하라

> 하루를 살려면 하루를 준비하라.
> 평생 살려면 평생을 준비하라.

직장에는 정년이 있어 날고 기는 사람이라도 정년을 피할 수는 없다. 그런데도 미리부터 정년을 준비하는 사람은 별로 없다. 정년 이후의 계획을 물으면 이런 대답들이 나온다.

"설마 어떻게 되겠지요. 산 입에 거미줄 치겠습니까?"

구체적인 계획이 있어도 힘든 세상인데 막연한 환상을 가지고 있는 것이다. 기대수명이 길어지다 보니 정년 후에 50년의 나머지 시간을 어떻게 지낼까에 대한 계획이 있어야 한다. 노는 것이 신난다 해도 하루 이틀이다.

초등학교 때 '개미와 베짱이' 이야기를 배운다. 개미는 뜨거운 여름에도 쉬지 않고 열심히 땀 흘려 일하는데, 베짱이는 쉬지 않고 일하는 개미를 불쌍하게 바라보며 신나게 노래를 부른다. 여름이 지나면 가을이 오고 이어서 겨울이 온다. 개미는 방안에서 그동안 모은 음식을 먹으며 가족과 오순도순 지내는데 베짱이는 개미를 찾아와 구걸을 한다. 개미나 베짱이나 똑같은 시간이 주어졌지만 다만 시간을 사용하는 방법이 달랐던 것이다.

"노세 노세 젊어서 놀아 늙어지면 못 노나니 화무는 십일홍이요 늙어지면 못 노나니라. 얼씨구 절씨구 차차차 지화자 좋구나 차차차…"

이 노래는 베짱이의 노래다. 휴가 때만 되면 해외로 여행하는 사람들로 공항은 북새통을 이룬다. 놀 때는 신날지 모르지만 통장에 있는 돈을 다 쓰고 나면 베짱이 신세가 된다. 얼마 전 한명숙 씨에 대한 뉴스를 보고 충격을 받았다. 왕년에 한명숙 씨는 대단한 가수였다.

'노오란 셔츠 입은 말 없는 그 사람이 나는 좋아 어쩐지 맘에 들어… 아~ 야릇한 마음…'

지금도 입에 맴도는 노래인데, 이 노래를 부른 한명숙 씨는 생활

하루 5분 인생수업

보호대상자가 되어 월 4만 원짜리 임대주택에서 고생하고 있다는 기사였다. 한때 화려했던 그가 왜 그렇게 되었을까를 생각해 보자. 오늘만 알았지 내일을 모르고 살았기 때문이다. 로또 당첨된 사람이 3년 만에 당첨금을 모두 탕진하고 빚더미에 짓눌려 자살했다는 뉴스도 충격을 준다. 그 돈이면 은행에 저축해 이자만 받아도 평생 먹고 남는다.

여수 MBC에 입사하여 정년을 맞은 서정호 씨의 퇴임식은 잔치 같았다. 이미 정년 후의 삶에 대하여 준비가 완료되었기 때문이다. 그는 퇴직하자마자 폐교를 불하받아 방원공룡박물관을 세웠는데 전국에서 모여드는 사람들로 북새통을 이룬다.

"여기 오는 사람들은 대부분 어린 학생들인데 이들과 함께 즐기다 보니 나도 젊어짐을 느낍니다."

미래를 위해 투자하고 준비하는 인생은 언제나 즐겁다.

건강의 날

걸으면서 얻는 것들

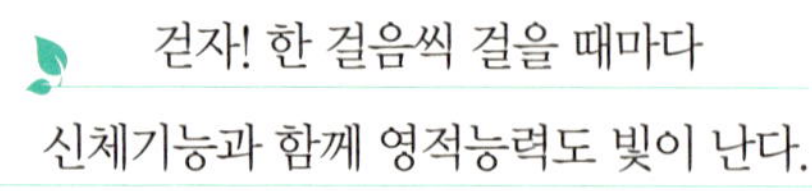

조선시대 왕들의 평균수명은 40세였는데 영조는 80세를 살았다. 비결은 걷기와 소식, 사랑의 실천이다. 집무가 끝나면 평복으로 변장하고 백성들이 사는 모습을 직접 보고 돌아와 평민 수준으로 식사를 했다. 어려운 집이나 효성이 지극한 집을 발견하면 몰래 쌀가마를 전달하는 등 배려하는 마음이 장수 비결 중 하나다.

허홍구 시인은 오랫동안 음식점중앙회 홍보국장을 하다가 자신의 사무실을 낸 지 3년이 지났다. 새벽 5시가 되면 남산에 오르는데 맑은 날 새벽별을 보게 되면 큰 횡재를 한 것 같은 기쁨도 맛본다. 퇴계로 집에서 광화문까지 걸어서 출퇴근을 하다 보니 하루 3시간은 족히 걷는다.

작가의 글을 보면 그 사람의 인생이 함축되어 있어 공감하는 사람이 많다. 많은 팬들은 허홍구 시인의 글은 재미있고 느낌이 있고 쉽게 접할 수 있어 이중섭, 중광의 그림처럼 쉽고 편하게 느껴진다고 입을 모은다. 커다란 행사장이나 업소에 가장 많이 걸려 있는 시도 단연 허홍구 시인의 시다. 일반적으로 시집을 인쇄할 때 500부가 보통이지만, 허 시인의 시집은 5,000부에서 1만 부를 찍어도 나중에 보면 부족하다.

〈사랑 하나에 지옥 하나〉, 〈네 눈으로 나를 본다〉, 〈내 니 마음 다 안다〉 등의 시집을 손에 잡으면 이웃집 아저씨와 나누는 정담처럼 구수하게 전달되면서도 미소를 지으며 고개를 끄덕이게 된다.

그중 남들이 상상하지 못하는 시를 생각하고 기획하여 만든 시집이 〈사람에 취하여〉다. 주변 인물들을 시로 형상화한 시집으로 등장인물들에게는 보물이 되고 독자에게는 느낌과 깨달음을 준다. 사람 만나기를 즐기다 보니 이런 스타일의 시집을 시리즈로 만들어 쓰는 작업을 계속하는 한편 정치인들과 경영인 등 지도자들의 스피치 원고를 써주고 화술도 지도한다. 일하다가도 갑자기 친구가 보고 싶으면 기차를 타고 부산이건 광주건 마음 내키는 대로 가는 자유인이다.

허 시인의 나이는 60대이지만 얼굴은 30대, 신체기능은 20대다. 정력적으로 일할 수 있는 것도 낙천적인 성격과 걷기와 관련이 있다. 하루 1시간 만 걸어도 별도로 건강을 위해 운동할 필요가 없고 기분이 좋아질 뿐 아니라 운동이 즐거워진다.

걷기는 시작한 지 20분 만 지나도 뇌 안에서 '베타 엔도르핀'이 분비되어 기분이 고조되고, 어떤 일이라도 긍정적으로 생각할 수 있도록 뇌가 만들어진다. 계속해서 20분쯤 더 걸으면 희망의 호르몬인 '도파민'이 분비되어 점점 더 행복감이 고조되고 아이디어와 꿈이 샘솟는다. 좀더 걸으면 '세로토닌'이 분비되어 이미 떠오른 아이디어를 정리하며 실현성 있는 계획으로 구체화할 수 있다.

한 가지 더 놀라운 점은 '나는 건강하다'는 믿음이 '나는 뭐든지 할 수 있다'는 자신감으로 연결되어 하루가 다르게 젊어진다는 점이다. 허홍구 시인이 같은 나이의 사람보다 월등히 젊은 것은 긍정의 시각으로 세상을 보고 삶을 즐기기 때문이다. 그가 있는 곳은 언제나 사람으로 붐빈다. 사람을 좋아하니 사람들이 모여드는 것이다.

허 시인은 최근 인물 시집 시리즈 중 하나로 〈시로 그린 인물화〉를 펴냈다. 이 시에 나오는 등장인물도 이 시를 보고 "아, 내가 이런 사람이었구나." 하고 감탄한다. 나는 나를 모르지만 시인의 심안에 비친 자기를 보면서 깨닫는 것이다.

걷기를 생활화하자. 한 걸음씩 걸을 때마다 신체기능과 함께 영적 능력도 빛이 난다.

한 걸음 한 걸음에 정성을 담아라

노자는 '천 리 길도 한 걸음부터'라고 했다. 우사인 볼트처럼 빠른 선수도 한 번에 한 걸음씩밖에 걷지 못한다. 한 걸음 한 걸음 정성들여서 걷는 사이에 위대한 족적을 남기게 되는 것이다. 처음이 늦다고 한탄할 것도 없고 빨리 출발했다고 좋아할 것도 없다.

모든 일이 그렇다. 탄력을 받을 때까지는 미래도 불투명하고 수익성도 기대하기 힘들다 보니 돈 안 되는 일은 하지 않으려고 꾀를 부리고 적당히 해치운다. 이렇게 하다 보면 개점 휴업이 될 수밖에 없다.

전문대에서 디자인을 전공하고 충무로의 작은 현수막 제작회사에 취직한 A씨는 6개월 동안 주변에 있는 현수막과 전단지 제작회사들을 전부 다니면서 시장조사를 한 끝에 달랑 인쇄기 두 대를 놓고 사업을 시작했다.

영세한 업체일수록 가격경쟁은 자살행위라는 것을 아는 그는 직접 돌아다니며 발품을 팔아서 주문을 받는다. 한 개든 열 개이든 완성된 현수막을 직접 배달해 정성스레 달아주고 고객에게 친절하게 설명을 한다.

"이렇고 저렇고 해서 이렇게 만들었습니다. 마음에 드시나요?"

사장이 현수막을 들고 일일이 배달을 다니는 것이 시간도 많이 들고 번거롭다는 것은 고객들이 더 잘 안다. 그렇기 때문에 감동하는 것이다. '고객의 일이 잘되게 돕는 것이 나의 일'이라는 남다른 서비스 정신이 그를 동네의 작은 현수막 가게 사장에서 대기업의 연간 홍보물 제작자로 성장하게 한 비결이다.

기업의 홍보담당자에게는 제작업체 선정이 중요한 정보라서 '어디가 좋다'는 것은 삽시간에 소문이 난다. 그때부터 A씨에게 현대카드, 신세계 등 대기업에서 연간 홍보물 제작을 맡아달라는 주문이 밀려 들어오기 시작했다. 요즘은 일이 워낙 많아 직원 수를 대폭 늘렸지만, 고객에게 찾아가는 서비스를 한다는 원칙만은 지켜나가고 있다.

현수막은 벽에 걸어서 '근사하다', '눈에 띈다'는 느낌이 들었을 때 비로소 완성되는 것이다. 하지만 디자이너는 자기 업무는 '디자인까지'라는 생각에 자기 얼굴과도 같은 작품이 제대로 걸렸는지 확인할 생각을 하지 못한다. 그러나 A씨는 시키지 않은 일도 스스로 찾아서 한 것이다. 자신에게 주어진 일을 어떻게 하면 잘할 수 있을까를 고민하고 정성을 다해보자. 그 끝은 창대하기 마련이다.

감사히 먹겠습니다

"감사히 먹겠습니다."라고 말하고 수저를 들라.
음식이 변하고 내가 변하고 세상이 변한다.

부대찌개는 6·25 동란 이후에 생긴 메뉴다. 먹을 것이 부족하여 굶기를 밥 먹듯 했던 무렵 총에 맞아 죽은 사람보다 굶어 죽은 사람이 더 많았다. 이중섭 화백의 그림 중에 생선과 복숭아가 많은 것도 아이들이 배고프다고 칭얼대면 먹을거리를 그려주며 마음에 위안을 삼은 것이다. 그 당시 미군부대 근처에 사는 사람들은 배를 곯지 않았는데, 그들이 먹다 버린 음식 쓰레기를 끓여 먹었기 때문이다. 이것이 소문나자 시장 바닥에서 팔기 시작했는데 맛 좋고 속이 든든하고 알려져서 불티나게 팔렸다. 영양실조에 걸린 우리에게는 보약이요 영양식이었지만, 따로 이름이 없었다.

"이 음식이 뭐요?" 하고 손님이 물으면 "부대에서 흘러나온 음식

으로 만든 찌개예요." 하고 대답하다가 간단하게 줄여서 '부대찌개'
가 되었다. 요즘은 밥을 먹다 흘리면 더럽다고 버리지만, 배고픔을
겪은 세대는 바닥이나 상에 음식이 떨어지면 주워 먹고 밥그릇도 깨
끗히 비운다.

우리가 음식 쓰레기를 20%만 줄여도 연간 5조 원의 경제이익이
된다고 한다. 원유 1,165만 톤의 에너지에 해당되는데, 이는 승용차
116만 대가 1년간 운행할 수 있는 에너지다. 요즘은 식당에서 음식
을 재활용하는 것을 법으로 엄격히 다스려 남은 음식은 다 쓰레기로
나간다. 세계에서 기아인구가 10억 명이 되는데 자기가 먹다 남은
것조차 그냥 버리는 것을 보면 하늘이 두렵다는 생각이 든다.

오래된 얘기다. 나는 아이들에게 음식을 먹다가 남으면 싸 오라고
교육을 시켰다. 초등학교에 다니는 딸이 검은 비닐봉지에 무엇을 담
아가지고 들어오길래 뭔가 물었더니 냉면을 먹다가 남아서 가져온
것이란다. 음식은 일용할 양식이어서 귀한 줄 알아야 한다.

음식을 먹을 때마다 불평하는 습관을 가진 사람이 있는가 하면 정
성껏 기도하고 먹는 사람도 있다. 대개 부모의 습관을 그대로 닮은
것이다. 주위에 보면 음식을 불평하며 먹는 사람은 단명하거나 하는
일에 막힘이 많다. 반면에 감사히 먹는 사람은 어려움이 있어도 쉽
게 극복하고 끝까지 평화로운 삶을 살아간다.

건강의 날

80세가 넘었어도 현역으로 왕성하게 활동하는 한국문화재단 박보희 이사장은 음식점에서 식사를 끝나고 나올 때 반드시 주방에 가서 인사를 하고 나온다.

"맛있게 잘 먹었습니다. 감사합니다."

미국의 의사 존 자웽은 '감사하며 음식을 먹는 사람과 그렇지 않은 사람은 어떤 차이가 있는가?'에 대한 논문에서 식사 때마다 감사하는 사람에게서 질병을 예방하고 면역 기능을 향상시키는 신비한 백신이 생긴다는 사실을 발표했다. 질병의 진행을 억제시키고 병균의 침입을 막아주는 항독소와 위장 내에 있는 음식물이 부패하거나 발효하는 것을 억제시키는 성분인 안티셉틴이 만들어진다는 것이 밝혀져 많은 사람의 관심을 끌고 있다.

'신선설농탕'에서는 전직원에게 매달 좋은 책을 사서 나눠주고 독후감을 쓰게 하는데, 그동안 구입한 책 값이 무려 7억 원이 넘는다. 그뿐만 아니다. 음식을 만들면서 "감사합니다."를 반복한다. 감사의 에너지를 음식에 전파시키기 위해서이다.

그동안 내가 평생 캠페인을 벌이고 있는 것은 감사의 말, 칭찬의 말, 축하의 말을 하기다. 이 말은 신나고 즐거운 살맛 나는 세상을 만드는 화두인 것이다. 오늘부터 "감사히 먹겠습니다." 하고 수저를 들어보자. 음식이 변하고 내가 변하고 세상이 변한다.

손이 앞에 있는 것은
안아주라고 있는 것이다

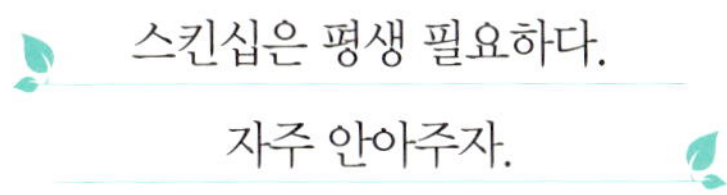

가천의료재단 이길녀 씨는 인천의 이길녀 산부인과에서 시작하여 세계적인 의료재단을 만든 신화의 주인공이다. 산부인과 시절에는 하루 평균 150명의 아이를 받았는데, 아이를 받은 간호사에게 아이를 품에 안은 다음 꼭 가슴에 대어 심장고동을 듣게 하기로 소문이 났다. 신생아에게도 첫 경험이 중요한데 이렇게 심장고동을 들려주어 안정감을 느낀 아이들은 성인이 될 때까지 모두 건강하게 성장하더라는 것이다.

우리는 안아주기 문화에 너무 서투르다. 뉴스를 보면 국가 정상끼리도 안아주기를 하는 것이 예의다.

허그^{hug}는 '이 한 몸 다 바쳐 하나됨을 약속합니다' 라는 신체 언어이기도 하다. 우리나라에는 아무래도 이런 행위가 익숙하지 않아 아직도 많이 보급되지 않았지만, 나는 매일 아침 출근할 때 아내와 안아주기를 45년째 하고 있다.

이 장면을 찍으려고 모 방송사에서 찾아와 아내에게 묻는다.

"부부싸움도 하시지요?"

"그럼요."

"그러면 부부싸움 하신 날도 서로 안아주나요?"

"물론입니다. 부부싸움은 사적인 문제이고 안아주기는 공적인 문제이니까요."

이 프로를 본 시청자들은 폭소를 터뜨렸다고 한다.

〈세계일보〉 사장이었던 설용수 씨는 밤 12시가 넘어 학원에서 돌아오는 아들을 거실에서 기다린다. 밤늦게 혼자 들어와 자기 방으로 들어가려면 얼마나 외롭고 쓸쓸할까 하는 생각 때문이다. 밤늦게 아들이 들어오면 아버지는 현관까지 달려가 문을 열어주며 안아주기를 하루도 거르지 않았다. 그 아들이 명문대학을 수석으로 들어간 것도 우연이 아니다.

스킨십은 몸으로 하는 대화다. 입은 거짓말을 할 수 있어도 몸은
거짓말을 하지 못한다.

건강의 날

100세 시대에 80세는 중년이다

안 되는 사람의 특징은 항상 안 될 이유를 내세우는 데 있다. 안 될 이유가 있으면 될 이유도 있다는 생각은 못 하는 것이다. 모든 것은 양면이 있어 어느 쪽에 초점을 맞추느냐에 따라 인생의 향방이 달라진다.

"마음은 그게 아닌데 몸이…."

이런 사람은 안 될 이유를 몸에 책임을 돌린다. 가장 많은 이유 중에 하나는 '나이 때문에….' 이다.

일본에서는 100세 할머니가 시집을 내어 세계에서 주목하는 베스트셀러가 되었고, 호주의 여성 투포환 선수 루스 프리스는 100세가 되던 2009년 월드 마스터즈 게임에 참가하는 신기록을 세웠다. 중요한 건 나이가 아니라 어떻게 사느냐다.

일성여중고에는 80세가 된 학생도 수두룩한데, 이번에 90세에 방송통신대 신입생이 된 사람이 있다. 왕년에 서울대 심리학과 교수로 이름을 날렸던 정한택 씨이다. 그는 다시 공부를 하기로 하고 방통대 영문학과 12학번으로 입학해 손자뻘 되는 학생들과 공부를 하며 이런 말을 한다.

"배우고 싶은 게 있으면 나이를 따지지 말고 당장 시작하라. 나는 백 살이 돼도 지금처럼 끊임없이 새로운 걸 배우고 있을 거다."

직장에는 정년이 있어도 배움에는 정년이 없다. 100세라고 배우지 못할 리도 없다.

생각이 젊어지면 몸도 젊어진다. 움직임은 살아서 부활하는 일임을 잘 아는 한 어른은 93세인데도 계단을 뛰어서 오르내리고 100m 달리기를 13.5초에 끊는다. 긍정의 힘은 설명할 수 없을 만큼 무한함을 알게 된다.

〈뇌내 혁명〉의 저자 시게오 박사는 말한다.

건강의 날

"싫다는 생각은 '노르아드레날린'을 만들어 질병과 노화를 가져
오지만, 좋다는 생각은 '베타 엔도르핀'을 분비시켜 면역력이 증진
되고 세포를 젊게 해준다."

괴테는 82세에 필생의 역작 〈파우스트〉를 완성했고, 소포클레스
는 80세에 〈오이디푸스 3부작〉을 완성했다. 미국의 유명한 희극배우
보브 호프도 99세에 무대 공연을 해 박수를 받았다. 지익표 변호사
는 81세에 초경량 항공기 조종사 면허를 취득하고 그 이듬해 고향까
지 단독비행에 성공했다. 100세 시대에 80세는 중년이라는 사실을
알려주는 멋진 도전가이다. 나이 때문에 못 하는 게 아니다. 내면에
열정이 식어가기 때문이다. 내면의 불꽃은 마음먹기에 달려 있다.

물은 생명이다

물을 지키는 일이 생명을 지키는 일이다.
유익 미생물인 EM효소를 활용하자.

지구와 인간은 닮은꼴이다. 지구에는 오대양 육대주가 있고, 인체에는 오장육부가 있으며, 땅속으로 수맥이 흐르듯 몸속으로는 혈맥이 흐른다. 지구의 70%가 물이고 인체의 70%도 물이다. SBS에서 '물은 생명이다' 캠페인을 오랫동안 진행하는 이유는 물을 지키는 일이 생명을 지키는 일이기 때문이다. 성인 3명 중에 1명이 암으로 죽는다는 것도 결국 물 오염과 관계가 깊다. 물관리연구소 박인호 이사장이 서울시의원 시절 상수원을 팔당이 아닌 설악산으로 하자고 건의한 적이 있다.

"미국의 L.A는 원래 사막이었는데 수백km가 떨어진 곳에서 물을 끌어들여 지상천국을 만들었습니다. 강원도 설악산에서 서울까지

건강의 날

관을 묻고 물을 끌어오면 오히려 오수를 정화하는 데 사용하는 비용보다 덜 듭니다."

현재 서울 시민들은 팔당과 반포대교 밑에서 취수해 정수한 물을 마시고 있다. 그러나 가정에서 그 물을 바로 마시는 경우는 거의 없다. 집집마다 정수기를 사용하거나 아니면 휘발유 값보다 비싼 생수를 사서 먹는다. 기껏 비싼 돈을 들여 만든 수돗물을 허드렛물로 사용하는 것이다. 그것은 물에 대한 불신 때문이다.

유난히 뜨거웠던 2012년 여름, 우리의 하천은 녹조 때문에 몸살을 앓았다. 녹조는 물속에 자라는 말이나 물이끼 등 남조식물이 번식해서 생기는 현상인데, 물이 오염되면서 생긴 질소와 인을 영양분 삼아 더욱 번성한다. 녹조가 생기면 플랑크톤과 물고기가 폐사하는 등 생태계가 파괴된다. 한 번 망가진 환경이 이전의 모습을 회복하는 데는 사회적·경제적·환경적인 측면에서 많은 시간과 비용이 든다.

우리나라가 바다에 축산업 폐수와 음식물 쓰레기, 오수를 몰래 버리다가 국제적인 망신을 당한 적이 있다. 내년부터는 런던국제협약에 따라 바다에 음식물 쓰레기를 버리는 것은 전면 금지된다. 하지만 이에 따른 뾰족한 대책이 없이 무조건 음식물 쓰레기 양을 줄이자는 캠페인만 벌이고 있다.

시인이며 환경문제 전문 강사로 하천살리기운동에 전력을 다하는 최진경 씨의 얘기를 들어보자.

"음식물 쓰레기는 땅에 묻는 방법이 있고 소각하는 방법이 있습니다. 땅에 묻으면 토양이 오염되고 소각하면 대기가 오염되지요. 일본에서는 각 가정에서 음식물 쓰레기를 처리기계로 아주 잘게 갈아서 유익 미생물인 EM효소를 통해 자연분해시켜 흘려 내보냅니다. EM효소는 하천 정화에는 일등공신이어서 일본은 정부 차원에서 미생물을 배양해 오염된 하천과 바다에 뿌려 환경문제를 해결합니다."

착한 미생물인 EM효소는 곰팡이, 암모니아, 황린, 각종 세균 등 유해한 물질을 먹이로 삼아 증식한다. 때문에 EM효소는 하수구를 지나 하천으로 흘러가면서도 계속 분열과 증식 작용을 해 물속의 오염물질들을 끊임없이 분해 정화한다. 저절로 환경보호 및 수질 탁도 개선과 악취 제거에 탁월한 효과를 거두는 것이다. 또한 일정 비율로 희석해 화초에 뿌려주면 진딧물이 생기지 않아 화초나 채소가 건강하게 잘 자란다. 주방과 욕실 청소, 설거지에 이용하면 욕실과 싱크대 및 하수구의 찌든 때와 냄새가 제거되는 등 우리 생활 전반에 유용하게 쓰여 일석이조의 효과를 누릴 수 있다.

우리나라에서도 대학의 뜻있는 연구진과 학생, 공무원이 EM효소를 활용해서 제주도 천지연폭포와 천제연폭포, 종로구 홍제천, 안양

건강의 날

천, 원주천 등등 전국 곳곳의 오염된 하천과 관광명소의 물을 정화했다. 물이 살아나자 물고기가 살기 시작하고 새들도 돌아와 자연스럽게 생태계가 복원되었다. 지금도 우리나라의 상하수도 처리시설에서는 이미 최종 정수 처리제로 황토와 숯, EM효소를 사용하고 있다. 안산과 부천 등의 지자체에서는 오래전부터 주민들에게 EM효소를 보급해 사용하도록 권장해 왔다. 하지만 홍보가 미미해 매년 막대한 비용을 들여 오염된 물을 정화시키고 있다. 이는 국가적으로 큰 낭비다.

이것을 안타깝게 생각한 최진경 씨는 전국을 다니며 음식물로 인한 환경오염의 심각성과 하천살리기운동의 일환으로 EM효소 보급에 앞장서고 있다. 하루에 300km 이상 다니며 그동안 만난 각계의 주요인사들이 1,000명이 넘는다. 발로 뛴 보람이 있는지 좋은 취지에 공감한 지자체의 협력도 늘어나고 있다. 각 가정과 관공서, 업소에서 EM효소만 적극 활용해도 우리의 강과 바다를 살릴 수 있다.

Life Lessons 5 minutes a day

살아가는데 '때'를 아는 것처럼 중요한 것도 없다. 전진해야 할 때가 있는가 하면 후퇴해야 할 때도 있는데, 어리석은 사람은 후퇴해야 할 때 전진하고 전진해야 할 때 후퇴한다. 나중에 깨닫고 땅을 치며 눈물을 흘린다 해도 좋은 기회는 이미 다 놓치고 만 것이다. 가끔 걸어온 길을 뒤돌아보자.

휴식의 날

가끔은 걸어온 길을 뒤돌아보자

마라톤 선수들은 달려가면서 수시로 시계를 들여다본다. 속도 조절을 하기 위해서이다. 이것은 우리의 삶에서도 다를 것이 없다. 무턱 대고 앞만 보고 달려가다 보면 어느새 인생종점에 와 있는 자신을 발견하게 된다. 이제 더 이상 방향 전환도 불가능하다. '이렇게 사는 것이 아닌데….' 하고 후회해도 돌이킬 수 없는 지점에 이르렀음을 알게 된다.

어느 재벌이 숨을 거두면서 '걸, 걸, 걸' 했다는 일화가 떠돌고 있다.

사랑할걸….

베풀걸….

용서할걸….

후회할 일이 있을 것을 미리 알았더라면 애초에 이런 일을 만들지 않을 수도 있었겠지만, 모르기 때문에 실수를 반복하는 것이 사람이다. 너나없이 일만 있고 삶은 없다. 삶이란 즐기는 것이지만 즐기는 법을 몰라 황소처럼 일만 하다가 일이 없어지면 삶도 없어졌다고 충격을 받는다. 정년퇴직이 새로운 인생의 시작인 걸 모르기 때문에 인생의 끝으로 알고 충격을 받는 것이다.

우물 안 개구리에게는 낮이나 밤이나 직경 1.5m의 하늘이 있을 뿐이다. 세상은 넓고 할 일은 많다는 것을 알 리가 없기 때문에 정신이 돈 사람처럼 돈 돈 하다가 숨을 거두고 만다. 수의壽衣에 주머니가 없는 이유는 맨손으로 왔으니 맨손으로 갈 수밖에 없는 것이 인생이기 때문이다.

어떤 영감은 평생 돈만 모으다가 한푼도 못 쓰고 세상을 떠나게 되자 억울하고 분해 자식에게 말했다.

"돈 한푼 못 써보고 가게 되니 눈을 감을 수도 없구나."
"걱정 마세요. 아버지가 버신 돈이니 전부 가져가세요."

자식들은 효자인지라 아버지가 번 돈을 궤에서 꺼내 관 속에 넣고 장례를 치르기로 했는데, 어떻게 알았는지 한밤중에 아버지 친구라는 사람이 달려와서 나무랐다.

"나는 자네 아버지와 죽마고우라네. 이 세상이 어떤 세상인가. 사람들이 알면 금방 묘를 파내어 돈을 꺼내 갈걸세. 그러면 애비를 두 번 죽이는 거야."

"그렇군요. 그럼 어떻게 해야 합니까?"

"내가 수표를 발행하여 관 속에 넣어 보내줄 테니 관에 넣은 돈을 나에게 주게."

"고맙습니다."

수표 한 장을 끊어준 친구라는 사람은 많은 돈을 차에 싣고 유유히 사라졌다.

돈은 필요하지만 집착하다 보면 더 큰 화를 입게 된다. 돈 많은 사람이나 가난한 사람이나 죽은 다음에는 1평이면 충분하다. 돈을 모으는 데 집착하다 보면 인생의 즐거움은 반감된다.

열심히 떠들지 말고 열심히 들어라

말 잘하는 사람은 말을 많이 하는 사람이 아니라 상대방의 말을 많이 듣는 사람이다. 모임에서는 3분 스피치가 있다. 간결하게 요약하여 똑 소리나게 말하는 훈련을 시키기 위해서이다. 말을 압축하는 훈련이 되면 1시간짜리도 3분 안에 충분히 말할 수 있다.

과거에 동양방송에서 하루에 4꼭지씩 7년간 '남성메모'를 집필할 때 나는 아무리 긴 얘기도 1분으로 압축해서 만들었다. 그것은 포인트만 제대로 잡으면 가능한 일이다. 이렇게 훈련이 되다 보니 핵심 찾기의 달인이 되었다. 이어서 〈세계일보〉와 〈대구일보〉에 역시 하루도 쉬지 않고 각각 1,000회 이상 칼럼을 썼는데, 이 역시 요약기술이 있기에 가능했다.

곽선희 목사의 설교는 15분이다. 이분은 설교의 핵심을 제대로 뽑아내기 때문에 15분이면 충분하다. 그리고 듣는 사람도 머리에 쏙쏙 박히는 명설교로 유명하다. 그런가 하면 1시간도 넘게 설교하면서도 요약하고 압축하는 기술이 부족해 중언부언하거나 횡설수설하는 목사도 있다.

훌륭한 대화 방법에는 '1. 2. 3화법'이 있다. 1분 안에 말하고 2분 이상 들어주며 3번 이상 맞장구를 치라는 얘기다. 특히 정치하는 사람이 미움을 받는 이유는 자기 혼자 발언을 독점해 상대방 얘기는 듣지 않고 무차별 공격을 하기 때문이다. 이것이 바로 자살특공대가 하는 방법이다. 남을 죽이기 전에 자기가 먼저 죽는다는 것은 꿈에도 생각하지 못한다. 독불장군은 세상에서 살아남기 힘들다.

기도는 내가 하는 말을 절대자에게 들려주는 것이 아니라 그분의 음성을 내가 '체휼'하는 것이다.

그런데도 혼자 횡설수설하다 "아멘" 하고 끝낸다. 그분이 아무리 시간이 많아도 그런 말을 모두 들을 만큼 한가하지 않다.

한번은 코미디언 구봉서 씨가 기도를 하러 단 위로 올라갔는데 눈을 감고 한참 침묵하더니 딱 한마디를 하고 내려왔다.

하루 5분 인생수업

"하나님, 감사합니다."

그러나 짧지만 긴 기도라는 것을 나는 알고 있다.

인정하는 사람이 인정받는다

누구도 사람을 심판할 권리는 없다.
평가는 신의 몫이다.

기업은 신제품 개발에 사활을 건다. 신제품이 없으면 새롭게 시장을 개척하기 힘들기 때문이다. 잘된다고 생각하고 해도 반드시 승산이 있다고 볼 수 없다. 우리나라 사람에게 김치는 없어서는 안 될 대표적인 식품이다. 그러나 봄이 되고 날씨가 풀리면 지나치게 발효되어 군내가 나서 먹기가 힘들어진다. 버릴 수도 없고 그렇다고 먹을 수도 없는 지경이 되어 이를 막기 위해 많은 연구 끝에 개발한 제품이 제일제당의 '김치 시지마'다. 이 제품이 출시되자 엄청난 물량의 광고를 치고 행사를 했다. 웬만한 중소기업이라면 감당할 수 없을 정도로 광고비를 들였지만 결과가 신통치 않자 생산을 중단했다. 그 후 김치냉장고가 나와서 오래 저장해도 그 맛이 변하지 않아 히트를 쳤다.

우리나라 식품업계의 판도를 바꾸려고 나온 제품이 '정식품'의 베지밀이다. 역시 시작부터 자신감을 가지고 판매작전에 돌입했다. '우유는 소가 먹는 식품이다. 사람은 두유를 먹어야 한다.' 이 광고 문구는 우유시장을 흡수하기 위한 전략이었는데, 많은 우유회사들의 반격이 대단했다. 물론 그들도 그냥 앉아서 당할 수는 없는 일이다. 여기서 정식품의 위기가 다가옴을 느끼자 한 아이디어맨이 광고 문구를 바꾸게 했다.

이때 나온 광고가 '우유 반 베지밀 반' 이다. 반반씩 섞어 먹으라는 멘트다. 이렇게 해서 도산위기의 정식품은 숨통이 트였다. 지금은 각 우유회사에서도 너도나도 두유를 생산한다. 그러다 보니 베지밀은 큰 광고를 하지 않고도 폭발적으로 판매된다. 이것이 누이 좋고 매부 좋은 일이며, 서양말로는 윈윈 win win 전략이다.

우리가 어려서부터 즐겨 부른 노래인 '새 나라의 어린이'에도 '서로 돕고 사는 나라 우리나라 좋은 나라' 라는 노랫말이 나온다. 음식점들은 자기네가 팔던 밥이 떨어지면 옆 식당에 빌리러 가는데 웃으면서 빌려준다.

한번은 어떤 언론사에서 정치인 5명의 명단을 보내주면서 악질적인 사람들이니 호되게 비판하는 내용의 칼럼을 써달라고 청탁이 왔다. 곤란하다고 했더니 원고료는 원하는 대로 주겠다는 것이다.

"나는 지금까지 남의 나쁜 점을 써본 일이 없습니다. 나쁜 사람이

가지고 있는 장점을 찾는 것이 저의 일이니까요. 내가 쓴 글 중에 '도둑에게 배우는 성공법 50'이 장안의 화제가 되었습니다."

노무현 정부에서 한 가장 큰 실수는 엄청난 비용을 퍼부어 '친일 인사 명단'을 만든 데 있다. 그 중에 애국가를 작곡한 안익태 선생도 포함되어 있다. 가족들이 없어 항의도 못 한 채 친일인사가 되어버린 것이다. 모든 사람은 공과를 동시에 가지고 있는데 어느 한 면만으로 평가해서는 안 된다. 그 책을 만드는 비용으로 '애국지사 명단'을 만들었다면 얼마나 흐뭇했겠는가.

친일인사 자녀들은 호의호식을 했어도 애국인사 자녀들은 학교도 못 가고 지금까지도 힘들게 살아간다. 이 사람들에게 혜택을 주는 것이 위정자가 할 일이다.

오바마와 힐러리는 서로 라이벌 관계였지만 오바마가 대통령이 되자 힐러리를 국무장관에 임명했다. 적군도 품에 안으면 아군이 되는 법이다.

흥하는 사람들의 특별한 비밀

자신의 주특기에 돋보일 수 있는 것을
하나 더 추가해 보자. 인생역전이 가능하다.

우해춘 교수는 남다른 상상력을 가진 마케팅 전문가다. 야구선수인 아들 때문에 한 게임도 빠지지 않고 야구를 관전하며 전략을 짜고 결과까지 예측하다 보니 입신入神의 경지에 이르게 되었다. 그후 전문 강사가 되어 프로야구의 전략을 가정경영이나 조직경영에 도입하여 조직활성화와 행복한 가정설계에 적용했다. 요즘 이혼이 사회적 문제가 되고 있지만 이혼하려고 작정했던 사람이 우 교수의 강의를 듣자 그 자리에서 통곡을 하고 부인과 화해했다는 극적인 일화도 있다. 워낙 끼가 있어 강사로 만족하지 않고 가수 꿈을 가졌는데, 그동안 부른 곡만으로 10장의 CD를 냈고 가수로 정식 데뷔를 하자 여기저기서 초청행사가 불이 붙는다.

사람은 즐거움을 추구하는 유일한 동물이어서 신바람이 폭발되면 놀라운 긍정의 에너지가 발생한다. 우리처럼 흥이 많은 민족은 세계 어디서도 찾아볼 수가 없다. 6·25 동란과 월남전 등 총알이 비 오듯 하는 곳에서도 병사들을 위해 위문공연을 연다. 위문공연단의 공적은 최전방에서 싸우는 병사에 못지않다. 흥은 사기를 높이고 두려움도 없애주어 사람의 능력을 초인적으로 승화시켜 주는 것이다.

우리가 일제 치하의 질곡에서 신음하고 있을 때 인도의 시성 타고르가 '아침의 나라 코리아는 반드시 흥한다.'고 예언한 것도 우연이 아니다. 시인의 번뜩이는 예지로 이미 우리의 미래를 내다본 것이다. 우리는 아이에게 코를 풀게 할 때도 어른이 "흥~" 하면 아이도 "흥~" 하고 코를 풀었다.

흥은 '흥興하라'는 염원과 '흥이 난다'는 뜻이 복합적으로 표현된 단어이다. 들판에서 모심기나 추수를 할 때 뙤약볕 아래 땀이 비 오듯 하지만 '農者 天下之大本'이란 깃발 아래서 풍물패가 흥을 돋우면 노동도 오락이 되는 것이다. 천안 삼거리를 지나면서도 '흥'… '축 늘어진 능수버들도 흥…' 이다. 5·16사태 이후 새벽같이 동네 스피커에서 "새벽종이 울렸네 새 아침이 밝았네 너도나도 일어나 새 아침을 만드세"와 "잘 살아보세 잘 살아보세 우리도 한번 잘 살아보세…"가 흘러나오면 감동과 감격으로 신바람이 났다. 이러한 흥은 우리 역사가 천지개벽을 한 계기가 되었다.

홍소리 씨는 춤과 노래의 명인이다. 그가 가는 곳은 어디이건 어깨춤이 절로 난다. 현대 정주영 회장이 생존시에 직원 행사에 그를 꼭 데리고 다녔다. 유명 가수들이 노래를 불러도 그녀만큼 신명을 돋우는 사람이 없음을 알기 때문이다.

사업을 하던 홍소리 씨는 뒤늦게 체계적으로 배워야겠다는 생각으로 대학에 들어가 딸 같은 아이들과 함께 동생 같은 교수에게 배웠다. 교수들은 자기네가 가르쳐줄 것이 없다고 말했지만, 학문적인 뒷받침을 만들고 젊은 세대를 이해하기 위해 공부를 계속했다. 워낙 실력이 뛰어나 장학금을 받으며 레크리에이션을 전공했다.

해바라기 봉사단을 이끌고 힘든 곳을 찾아다니며 공연 봉사를 하던 중이었다. 그때 기름 띠로 실의에 빠진 안면도 주민을 위해 신바람 축제를 열어주자 감동받은 주민들이 놓아주지를 않아 밤새워 공연을 해준 일은 지금껏 회자되고 있다. 요즘은 경희대학교 겸임교수로 후진양성을 하는 한편 각종 행사에서 보석처럼 빛나는 존재라 여기저기서 그를 모셔 가려는 경쟁이 치열하다.

교장 훈시나 목사 설교는 중요한 내용이지만 너나없이 지겨워하는 이유는 내용만 있지 즐거움이 없기 때문이다. 요즘 개그맨 뺨치는 목사, 가수, 마술사가 등장하여 이야기를 들려주며 즐거움을 주는데 열기가 뜨겁다. 미국은 아직도 백인 우월주의가 팽배하지만 백인 중에 흑인교회에 나가는 사람도 많다. 흑인교회의 찬송은 활기차고 신이 나기 때문이다. 우해춘 교수와 홍소리 교수는 자신의 메시지에 노래라는 메뉴를 추가하여 빛을 보고 있다. 자신의 주특기에 돋보일 수 있는 것을 하나 더 추가해 보자. 인생역전이 가능하다.

좋은 친구 만들기

인격을 갖춘 사람을 사귀어라.

인격은 사람됨의 품격이다.

요즘은 '페이스북'을 통해 사람을 사귀는데 처음 보는 사람이라도 '친구추가' 버튼만 누르면 친구가 된다. 그러나 이렇게 만난 친구는 명목상 친구일 뿐 목숨 걸고 도움을 주고받는 사이는 아니다. 오랫동안 소식이 없다가 불쑥 나타나는 친구는 더욱 위험하다. 돈 벌게 해주겠다고 하며 사기 치는 경우는 대부분 여기에 해당된다. 간이라도 빼줄 듯하는 친구는 간만 빼먹고 도망친다. 정치하는 사람도 다를 것이 없다. 어디서 무엇을 한 사람인지도 모르는데도 감언이설로 현혹하여 나라에 해를 끼치는 경우가 허다하다.

프랑스에서는 그냥 결혼하는 것이 아니라 먼저 살아보고 결혼을 한다. 그렇게 해서 이혼왕국의 오명을 벗었다. 쉽게 뜨거워지는 사람은 쉽게 식는다. 고대교우회, 해병전우회, 광주향우회가 결속력이 강한 것은 고난 속에서 이해와 협력에 대한 훈련이 제대로 된 덕분이다. 친구를 사귀려면 적어도 검증된 친구를 만나야 한다.

좋은 친구는 돈 많은 사람이 아니라 올바른 생각이 박혀 있는 사람이다. 좋은 대학은 취업이 잘되는 학교가 아니라 좋은 친구를 많이 사귈 수 있는 학교다.

목숨을 함께 나눌 수 있는 친구가 10명이 된다면 친구 농사를 풍년으로 지은 사람이고 하나도 없다면 흉년이 든 사람이다.

돈으로 맺어진 친구는 돈 떨어지면 안면몰수하고, 권력 때문에 사귄 친구는 권력이 없어지면 외면하게 마련이다. 하지만 좋은 친구는 아무 때나 부르면 나와주고 힘들어하면 위로를 아끼지 않으며 어려운 문제가 생기면 자기 일처럼 앞장서서 해결해 주는 그런 유형의 사람이다.

이재훈 씨는 2007년 I석재에서 근무하던 중 발파 사고로 다리를 다쳐 장애 6급 판정을 받았다. 그 바람에 일자리도 잃고 가정도 풍비박산이 나서 막막해지자 내게 찾아와 상담을 청했다. 긴 시간 이야기를 하면서 어떤 문제건 해답 없는 문제는 없으니 이제부터 인생을 신장개업하자고 약속했다. 그렇게 하기 위해 반드시 하는 작업이 있다. '꼭 이루어야 할 소망 10가지'를 적도록 하는 것이다.

대학 졸업반인 딸이 교사로 임용되는 것,
막내아들이 체육대학에 장학생으로 들어가는 것,
행복한 가정을 되찾는 것,
자신도 좋은 일자리를 찾는 것 등…

10가지를 썼는데 보통 사람들이 보기에도 '이런 일들이 과연 이뤄질 수 있을까' 하는 문제들이다. 그러나 인간에게는 무한한 능력이 내재되어 있다. 기쁨·감사·사랑·신념으로 꼬박 일 년 동안 아침마다 큰 소리로 소망을 읽으며 이루어진 모습을 시각화했는데 드디어 기회가 찾아왔다.

근로복지공단의 교육을 받은 뒤 지원대상자로 선정되어 창업지원금을 받게 된 것이다.

"1억 원까지 지원해 드리겠습니다. 저의 공단에서 이제껏 지원한 분 중에 최고령이십니다."

이재훈 씨가 하려는 사업은 천연양념장을 사용해 숙성시킨 가공육을 판매하는 것으로, 친한 후배인 최준환 씨가 함께 일을 하자고 제안한 것이었다. 최준환 씨와는 석재회사에 다니던 시절부터 함께 알고 일했던 사이인데 나이는 훨씬 어려도 속이 깊어 존경스러운 마음까지 들곤 했다.

"형님, 요즘 얼마나 힘드세요. 혹시 서울에 계시기 너무 힘들면 저 있는 곳에 내려와서 마음 편히 지내세요. 제가 형님 계실 곳 정도는 마련할 수 있어요."
"고마워. 하지만 내가 어떻게 자네한테 신세를 지겠어. 나 여기서 버틸 수 있는 만큼 버텨볼 거야…. 정말 고마워."

다쳐서 일을 못 하자 가족마저 뿔뿔이 흩어지고, 친했던 사람들도 너나없이 등을 돌렸을 때 유일하게 연락된 사람이 최준환 씨였다. 게다가 이재훈 씨의 어려운 사정을 듣고 도움을 청하기 전에 먼저 손을 내밀어준 것이다.

주변에서는 "그 나이에 창업을 할 수 있겠느냐"고 만류하고, 까다로운 선정과정을 통과한 사람에게만 자금지원을 해주기 때문에 된다는 확실한 보장도 없었다. 하지만 이런 친구와 함께하는 일이라면 더욱 열심히 할 것이고 반드시 성공할 수 있겠다는 확신이 들었다.

이재훈 씨는 이번이 마지막 기회라는 생각으로 정성을 다해 사업계획서부터 인터뷰까지 만반의 준비를 해서 발표했는데, 자신감과 열정이 높이 평가받아 4명의 심사관 모두 합격점을 주었다.

현재 이재훈 씨는 가락동시장 근처에 레스토랑을 열어 운영하고 있는데, 엠제이푸드 본사의 최준환, 정난주 대표 부부가 미국의 최고 육가공회사에서 배운 기술로 직접 개발한 떡갈비스테이크 등 다양한 제품을 매장에서 직접 구워 먹을 수 있다. 그 맛이 우리나라 최고급 호텔의 스테이크와 비교해도 손색없는데다 좋은 제품을 저렴한 가격에 공급해 개업한 지 두 달 만에 손님이 줄을 설 정도로 대박을 터뜨리고 있다.

이상헌의 좋은 친구 사귀는 방법 50

자기 말을 들어주는 사람이 없으면 인생은 시든 꽃처럼 무미건조하다.
좋은 친구는 내 이야기를 들어주고 힘을 주는 사람이다.

01. 항상 진실하라. 진실한 사람에게 진실한 친구가 있다.

02. 내가 먼저 다가가라. 그가 올 때를 기다리지 말라.

03. 첫인상을 좋게 가꿔라. 처음 인상이 평생 간다.

04. 밝게 웃어라. 웃음은 만 가지 복을 끌어들인다.

05. 유머를 구사하라. 만나면 즐거워진다.

06. 말 한마디로 천 냥 빚을 갚는다. 용어 선택에 주의하라.

07. 신뢰를 잃지 말라. 신뢰를 잃으면 개밥에 도토리다.

08. 혼자 떠들면 모두가 싫어한다. 하는 말도 절약하라.

09. 나는 농담이지만 상대는 상처로 받아들인다. 조심해서 말하라.

10. 친구 입장에서 생각하라. 이해해 주는 친구가 소중한 친구다.

11. 좋은 친구는 우량주식이다. 다량 확보하라.

12. 나쁜 친구는 불량채권이다. 미련 없이 소각하라.

13. 부담을 주면 멀어진다. 부담 없는 사람이 되라.

14. 친구를 존중하라. 존중해야 존중받는다.

15. 물건만 질이 있는 것이 아니다. 양질의 사람이 되어라.

16. 이해타산을 초월하라. 좋은 친구에게 아낌없이 투자하라.

17. 좋은 스승을 찾아가라. 좋은 스승 밑에 좋은 제자가 있다.

하루 5분 인생수업

18. 부정적인 말은 스스로 무덤 파는 짓이다. 긍정어를 사용하라.

19. 뒷담화는 매장당한다. 가장 못된 습관이다.

20. 경조사에 반드시 참석하라. 네 일이 내 일 같아야 내 일도 네 일 같다.

21. 3, 3, 3법칙을 활용하라. 하루에 3번 참고 3번 웃고 3번 칭찬하라.

22. 솔선수범하라. 결단력과 판단력을 보여줘라.

23. 주면 받을 생각을 말라. 주고 독촉하면 정떨어진다.

24. 한 번 친구는 영원한 친구다. 의리를 지켜라.

25. 믿고 의논할 사람이 되어라. 유비에게 관우, 장비가 있었다.

26. 친구의 비판에 귀 기울여라. 비판은 비난이 아니다.

27. 에너지를 충전시켜라. 충전자를 만나면 모두가 젊어진다.

28. 생동감 넘치게 행동하라. 생동감은 살아 있는 증표다.

29. 혼자가 아니라는 사실을 느끼게 하라. 큰 힘을 발휘할 수 있다.

30. 친할수록 돈거래는 금물이다. 돈이 급하면 전당포를 이용하라.

31. 친구를 위해 기도하라. 하늘에서 중계한다.

32. 부르면 달려가라. 감정의 신호에 빠르게 반응한다.

33. 친구와 포도주는 오래될수록 향이 깊다. 옛 친구와 교류하라.

34. 말 없이도 교감하라. 은은히 가까워진다.

35. 모임에는 꼭 참석하라. 만남의 빈도가 친밀감을 깊게 한다.

36. 함께 있으면 즐겁고 유익한 사람이 되라. 잡담은 쓰레기와 같다.

37. 좋은 친구는 보물이다. 보물을 아껴라.

38. 공감의 맞장구를 쳐라. 근접거리가 형성된다.

39. 잘잘못을 따지면 금 가게 마련이다. 그러려니 하고 살아가라.

40. 가까울수록 예절을 지켜라. 무례하면 피하는 것이 상식이다.

휴식의 날

41. 자주 만나라. 편지, 전화, 카톡, 이메일, 페이스북도 중요한 만남이다.

42. 만나면 차라도 한잔 함께 하라. 사람은 먹을 때 가까워진다.

43. 친구에 대한 좋은 정보를 퍼뜨려라. 서로 귀인이 된다.

44. 친구를 위해 무엇을 할 것인가를 생각하라. 그것이 나를 위하는 일이다.

45. 좋은 공연이나 세미나에 함께 참석하라. 누이 좋고 매부 좋다.

46. 좋은 책을 선물하라. 저자의 사인까지 받아주면 금상첨화가 된다.

47. 그를 보석처럼 가슴에 간직하라. 언젠가는 큰 보석이 되게 마련이다.

48. 말버릇, 술버릇을 조심하라. 습관이 운명을 만든다.

49. 긍정인이 되라. 긍정인은 하늘이 돕고 부정인은 지하에서 돕는다.

50. 친구를 위해 기도하라. 그것이 나를 위한 기도다.

하루 5분 인생수업

나눔은 복을 짓는 지름길이다

쓸 데는 꼭 써야 화를 면한다. 나눔은 손해가 아니라
하늘의 복을 상속 받는 일이다.

'돌고 돌아 돈' 이라는 노래가 있는데 힘들게 사는 사람들을 보면 이상하게도 돈을 안 쓴다. 본인 생각에는 돈이 없어서 안 쓴다고 하지만 알고 보면 안 쓰니까 안 들어오는 것이다. 꼭 써야 할 곳에도 인색하게 안 쓰는 사람을 보면 얼마 후에 엉뚱한 데서 사기를 당하거나 도둑을 맞는 등 화를 입어 몇 배의 손실을 입는다.

로또복권 당첨자들이 하나같이 몇 년 못 가서 비참하게 살거나 자살하는 애기가 뉴스에 오르내린다. 이들의 공통점은 돈을 함부로 탕진했다는 데 있다. 갑자기 큰돈이 들어오니까 사기꾼이 달라붙거나 교만으로 판단력이 흐려져 안 써도 되는 곳에 돈을 썼던 것이다.

어떤 임금이 며느리를 공개 모집한다고 하자 소식을 접한 여자들이 구름처럼 몰려왔는데, 그들에게 쌀 한 말씩 나눠주고 100일 후에 다시 모이라고 했다. 대부분이 쌀을 그냥 가지고 왔는데, 한 여자는 마차에 쌀을 가득히 싣고 왔다.

임금은 놀라서 물었다.

"어떻게 된 일인가?"

"상감께서 주신 쌀로 떡을 만들어 시장에 나가 팔았더니 두 말의 쌀이 되었고, 두 말로 다시 떡을 만들어 네 말을 만들었지요. 이렇게 해서 늘어난 쌀입니다. 길거리에 굶주린 사람들에게 떡을 나눠주고도 남은 것입니다."

임금은 흡족한 미소를 띠면서 그 여인을 며느리로 공표했다. 돈을 값지게 굴리면 부자가 되고 함부로 쓰면 패가망신하게 된다. 부자가 되는 사람은 부자가 될 이유가 있고 망하는 사람은 망할 이유가 있는 것이다. 히말라야 같은 고산지대에 여행을 다녀온 사람늘이 종종 찾아오는데, 네팔에 다녀온 K씨를 만났다.

"그곳에서 안내하는 젊은이를 만났는데 너무 친절했습니다. 돈이 없어 휴학하고 아르바이트를 한다고 하더군요. 나 나름대로 도울 방법을 생각해 보니 담배와 커피를 끊고 그 돈을 모아 보내줘야겠다는 생각을 했습니다. 매일 담배 한 갑과 커피 한잔 살 돈을 모으면 학비

하루 5분 인생수업

는 물론 그 집의 생활비까지 충분하다고 해서 시작했는데, 이제 3개월이 되었습니다. 그 친구는 복학했고 저의 건강은 몰라보게 좋아졌지요. 정말 감사한 일입니다.”

300년을 이어온 경주 최부잣집도 베풂을 통해 부를 대물림했다는 것을 보면 나눔은 손해가 아니라 하늘의 복을 상속 받는 일이다.

여의도 홍우상가 5층에는 김희정 씨가 운영하는 의상실이 있다. 명품 백과 명품 코트를 만들어 파는데 가격이 저렴하여 온종일 손님들로 붐빈다. 그런데 김희정 씨는 자기 가게에 온 사람은 물건을 사러 온 사람이거나 지나가다 들린 사람이거나 그냥 보내는 법 없이 꼭 식사대접을 한다. 목마른 사람에게 물 한잔 주는 것도 복을 짓는 일인데, 음식을 먹여 보낸다는 것은 큰 복을 짓는 일이다. 알고 보니 자신의 어머니가 베푸는 모습을 어릴 때부터 보고 자라서 자기도 모르게 몸에 밴 것이었다. 식구食口란 함께 음식을 나누는 사람을 뜻하는데, 김희정 씨야말로 만나는 사람을 모두 식구로 품는 따뜻한 여인이다.

휴식의 날

'때'를 아는 것처럼 중요한 것도 없다

사람은 운동을 통해 근력을 강화시키고 신진대사를 원활히 한다. 그래서 운동 부족은 사망의 길이 된다. 힘이 없다는 것은 결국 운동 부족이라는 얘기다. 힘은 쓸수록 늘어나고 쓰지 않으면 퇴화된다. 육체의 힘뿐만 아니라 정신적인 능력도 마찬가지다.

내가 초등학교 다닐 때 학교에 다녀오면 힘이 없다고 누워 있는 바람에 기력이 점점 없어지자 아버지는 '어떻게 하면 나를 운동시킬 수 있을까?' 하고 고심하다가 공기총을 사 주셨다. 공기총으로 새를 잡으러 다니려면 걸어야 되고, 걷다 보면 기력이 좋아질 거라는 생각을 한 것이다.

새를 잡는 재미는 상상을 초월하여 새를 찾으러 걸어 다닐 때는 배고픈 것도 힘든 것도 잊는다. 초등학교 다닐 때는 10발 쏘면 잘해야 1마리 정도 잡았지만 중학교 때는 2~3 마리 정도 잡았다. 고등학생이 되자 키도 크고 걸음도 빨라져서인지 10발을 쏘면 5마리 이상을 잡아 그야말로 일취월장이다.

시골집 천장은 쥐들의 놀이터다. 불 끄고 자려고 하면 이때부터 쥐들의 천국이 되는데 이 녀석들도 육상 경기를 하는지 떼 지어 이리 달리고 저리 달리는 소리 때문에 잠을 잘 수가 없어 소탕작전에 들어갔다. 쥐가 달리는 소리 방향 앞쪽에 총구를 향하여 순간적으로 방아쇠를 당기면 쥐가 펄쩍 뛰었다가 툭 떨어지는 소리가 들렸다. 보이지 않지만 청각과 느낌에 의존해서 한 것인데 하루 저녁에 서너 마리를 사살하는 것을 보고 아버지는 신기해했다. 이렇게 한 달 동안 잡았더니 그후부터 천장이 조용해졌다. 쥐들이 다 죽었거나 아니면 무서워서 도망갔거나 둘 중에 하나다.

대학 졸업반이 되었을 때는 드디어 백발백중이라 나는 새도 잡았고, 나란히 앉아 있는 새를 겨냥해 한 방으로 두 마리를 잡아 일석이조의 신화를 기록했다. 가히 신의 경지라고 동네가 발칵 뒤집혔다.

그런 상태에서 징집영장이 날아왔다. 훈련받을 만큼 건강이 호전되지 않아 가지 않았더니 끈질기게 영장이 나오고 10번째는 출두명

휴식의 날

령서가 날아왔다. 징집에 응하지 않으면 잡으러 오겠다는 뜻이다. '잡혀가느니 내 발로 걸어가자.' 이렇게 해서 논산훈련소에 갔으나 제대로 훈련받을 수 없는 몸상태인지라 후송시키라는 명령이 떨어졌지만, 어렵게 온 것이니 만큼 훈련생활은 여기서 마치겠다고 고집을 부려 뜻을 관철시켰다. 동기들이 훈련받는 시간에 내무반을 지키면서도 우두커니 앉아 있는 것이 아니라 책을 읽거나 글을 쓰는 등등으로 시간을 활용했다.

그러나 사격이 있는 날은 사대射臺가 있는 곳까지 부축을 받아 가서 방아쇠를 당겼는데 백발백중이었고, 이동 사격과 야간 사격에서도 완벽하게 맞춰 특등사수가 되어 훈련병들의 부러움을 샀다. 10년 이상 방아쇠를 당겼으니 숙달된 조교가 따로 없었던 것이다.

사회에 나와서도 나의 실력은 어김없이 빛을 발했다. 청년지도자 모임이 태릉사격장에 있었는데, 여기서 열린 사격대회에서 유감없이 실력을 발휘하자 교관늘은 국가대표가 되라고 충고('?')를 해주기도 했다.

사격에서 중요한 것은 판단력과 순발력이다. 표적 안에 목표물이 들어오는 순간 방아쇠를 당기면 명중은 어렵지 않다. 살다 보면 세상에도 기회가 무수히 지나간다. 이럴 때 갈팡질팡하면 그 사이에 기회는 이미 지나가버린다.

‘아차! 그때가 기회였는데….’ 하고 가슴을 쳐도 지나간 세월은 돌이킬 수가 없다.

살아가는데 ‘때’를 아는 것처럼 중요한 것도 없다. 전진해야 할 때가 있는가 하면 후퇴해야 할 때도 있는데, 어리석은 사람은 후퇴해야 할 때 전진하고 전진해야 할 때 후퇴한다. 나중에 깨닫고 땅을 치며 눈물을 흘린다 해도 좋은 기회는 이미 다 놓치고 만 것이다.

휴식의 날

누구나 최고가 될 수 있다

IMF로 세상이 뒤숭숭하던 때, F화장품 공채 신입사원 강의를 하러 간 적이 있었다. 그런데 명단을 보니 100% 지방대학생들이라 의아한 생각이 들어 서울 명문대학 출신은 왜 하나도 없는지 물었다. 담당자의 얘기를 들어보니 이해가 되었다.

"IMF로 기업환경이 크게 악화되자 불안을 느낀 소위 명문대 출신들은 사표를 내고 안전한 직장으로 가버려 인원 부족으로 어려움을 겪었습니다. 그런데 소외되었던 지방대 출신들이 '우리는 여기가 아니면 갈 데가 없다, 회사를 살리는 것만이 우리가 사는 길이다.' 하며 똘똘 뭉쳐 기사회생을 할 수 있었습니다. 그들에게는 악조건 속에서도 한다면 하고야마는 근성이 있어요. 그때부터 우리는 지방대 출신만 모집합니다."

직장에서는 일하는 능력이 중요하지 출신이나 학벌이 중요한 것이 아니다.

대학과는 관계없는 단순 사무직을 뽑아도 4년제 졸업장이 있는가를 따지는 바람에 우리나라 학부모들은 대출을 받아서라도 자식을 대학에 보낸다. 이렇게 대학공부를 마치고 사회에 나오면 초년 시절부터 빚 갚기에 시달려야 한다. 더구나 취직은 하늘에 별 따기여서 왜 이 고생을 하며 대학을 나왔는지 한숨이 난다.

우리는 너나 할 것 없이 창조주의 DNA를 갖고 있어 무한한 능력이 있다. 그 능력을 일찌감치 발굴해서 갈고 닦으면 저마다 독보적인 존재로 살아갈 수 있는데, 남의 장점과 나의 단점만을 놓고 비교하니 늘 남의 뒤를 쫓는 따라쟁이 신세에서 못 벗어난다. 취업준비생들은 스펙 스펙 노래를 하며 남들 다 가는 어학연수 가느라 애쓰고, 남들 다 따는 자격증에 목을 맨다. 그러나 '남들이 벌써 다 했는데 나까지 그걸 해야 할까?' 라고 생각을 바꾸면 새로운 길이 보인다.

긴 인생을 놓고 보면 대학졸업장 역시 수많은 스펙 중 하나일 뿐이다. 최근에는 특성화고 출신의 고졸 신입사원들을 우선적으로 뽑는 기업들이 늘어나고 있다. 올해 스무 살 조상연 씨는 수도전기공고 출신으로는 최초로 한국수력원자력에 들어간 여성 신입사원이다. 기계 다루는 일이 적성에 맞아 고등학교도 상고보다 공고를 선택했고 고교 3년 동안 기계 분야를 열심히 공부한 끝에 명문대 출신들도 들어가기 어렵다는 직장에 고졸 공채로 당당히 입사했다. 여자라고 험한 일에 빼는 법도 없고 오히려 남자들보다 섬세하게 기계를 다루는 데 자신이 있다는 조상연 씨는 직접 현장을 뛰며 원전 기술을 익히는 것이 재미있다. 앞으로 더욱 실력을 갈고 닦아 세계에서 인정받는 기술자가 되겠다는 포부를 갖고 있다.

오비맥주 역시 4년제 대학 졸업자만 응시할 수 있었던 신입사원 공채에서 학력 제한을 없애고 채용과정에서 토플성적도 요구하지 않기로 했다. 장인수 오비맥주 사장은 '고졸 신화'의 대표적인 인물로 대경상고를 졸업한 후 1980년 (주)진로에 입사해 33년간 주류영업 외길을 걸어 달인의 경지에 올랐다. 2010년 1월 오비맥주 영업총괄 부사장에 취임한 후 오비맥주가 업계 1위를 날환하는 네 큰 역할을 했다는 평가를 받으면서 올해 6월 최고경영자CEO 자리에 올랐다.

"학벌은 낮아도 열정은 뛰어났지요. 무엇이든 배우려는 자세로 열심히 일했고 동기들이 70도로 인사할 때 저는 90도로 인사를 했습니다. 겸손함과 친근함이 영업에서는 최고의 능력입니다."

하루 5분 인생수업

영업이 '사람의 마음을 빼앗는 일'이고 보면 '지식'이 아니라 '지
혜'가 필요한데 영어 점수가 왜 필요한지 이해가 안 된다. 미국도 아
닌 한국에서 판촉활동을 하는 사람은 우리말만 잘하면 되는 것이다.
장인수 사장은 누구나 실력만 있으면 출신학교나 성별에 구애받지
않고 공정한 경쟁을 통해 꿈을 이룰 수 있도록 우리나라의 기업문화
도 변화해야 한다고 강조한다.

범사에 감동하자

감사할 때는 엔도르핀이 나오지만 감동하면 엔도르핀의 4,000배가 되는 다이돌핀이 생성된다. 엔도르핀은 행복 호르몬이지만 다이돌핀이 분비되면 기적도 일어난다. 천주교에서는 마지막 가는 분을 위해 종부성사를 하는데 종부성사를 마치고 나면 죽어가던 사람이 다시 살아나는 경우가 있다. 바로 감동으로 생겨난 다이돌핀의 덕분이다.

현재 느끼는 감동만 아니라 과거의 감격이나 감동을 재생시켜도 놀라운 기적이 일어나는데, 이것은 과거를 현재에 접목시키는 새로운 방법이다. 이 방법은 그동안 내가 상담하면서 수천 명에게 시도했던 처방으로 대부분 놀라운 기적이 일어났다.

좌절에 빠진 사람에게 감동을 떠올려보라고 하면 감동받은 일이 없다고 말한다. 마음이 굳게 닫히면 생각의 흐름도 차단되기 때문이다. 그러나 평생을 살아오면서 아무 감동도 없이 살아온 사람은 없다. 그래서 내가 기록한 감동 노트에서 몇 가지 일화를 들려주고자 한다.

우리나라가 이름도 없는 극동의 후진국이었던 시절, 어린이 문화예술단 '리틀엔젤스'가 영국 여왕 앞에서 공연을 할 때 아리랑과 전통 부채춤 등을 선보여 박수받는 장면이 뉴스에 나오자 감동의 눈물이 쏟아졌다. 드디어 우리도 세계로 나아가 인정받기 시작했구나 하는 생각 때문이다. IMF로 우리가 죽느냐 사느냐 할 때 박세리 선수가 벙커에 들어가 공을 쳐내어 LPGA에서 우승했을 때의 감동은 지금도 생각하면 가슴이 뜨거워진다.

대학 시절 매일 영화를 봤는데 자리가 정해져 있지 않아서 동작이 느린 나는 한 번도 의자에 앉아보지 못했다. 아픈 몸을 제대로 가누지도 못한 채 서서 봐야 했지만 영화 구경은 나의 유일한 낙이었기 때문에 출근 도장을 찍다시피 영화관에 다녔다. 그러던 어느 날 밀고 들어가는 사람들 틈에 휩쓸려 들어가는 바람에 처음으로 의자에 앉아 관람하게 되었는데, 그날 영화에서 느낀 감동보다도 자리에 앉았다는 감동이 훨씬 컸을 정도였다.

권투선수 홍수환이 적지에서 7전 7승 7KO승의 기록을 가진 카라스키아와 맞붙었다. 이때 홍수환 선수는 4번이나 다운을 당했다가 벌떡 일어나 강펀치를 날려 그를 완전히 뻗게 만들었다. 4전 5기의 신화를 만들었을 때 감동도 대단했다.

발레 〈심청〉의 마지막 장면에서 심 봉사가 눈을 뜨고 잠시 후 모든 장님이 동시에 눈을 뜨게 되는 장면은 언제 봐도 가슴이 뜨거워진다. 나는 영화나 드라마도 감동을 주는 것만 골라서 보고 실망을 주는 뉴스나 프로그램은 보지 않는다. 그동안 감동으로 충전된 에너지가 방전되지 않게 하기 위해서이다.

과거의 감동 5개씩 찾아서 매일같이 낭독하기를 실천해 보자. 그러면 얼굴에서 빛이 나고 하는 일이 순조롭게 풀려 나갈 것이다. 고개를 들어 눈부신 태양을 바라보자. 지금 이 순간부터 감동의 시작이다.

하루 5분 인생수업